L'ART

DE

L'ÉMAILLERIE

CHEZ LES ÉDUENS

AVANT L'ÈRE CHRÉTIENNE

PAR

J.-G. BULLIOT

PRÉSIDENT DE LA SOCIÉTÉ ÉDUENNE
MEMBRE NON RÉSIDANT
DU COMITÉ DES TRAVAUX HISTORIQUES
CORRESPONDANT DE LA SOCIÉTÉ
DES ANTIQUAIRES DE FRANCE

HENRY DE FONTENAY

INGÉNIEUR
DES ARTS ET MANUFACTURES
MEMBRE
DE LA SOCIÉTÉ ÉDUENNE

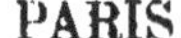

PARIS

HONORÉ CHAMPION, LIBRAIRE

15, QUAI MALAQUAIS

1875

L'ART

DE

L'ÉMAILLERIE

CHEZ LES ÉDUENS

AVANT L'ÈRE CHRÉTIENNE

PAR

J.-G. BULLIOT

PRÉSIDENT DE LA SOCIÉTÉ ÉDUENNE
MEMBRE NON RÉSIDANT
DU COMITÉ DES TRAVAUX HISTORIQUES
CORRESPONDANT DE LA SOCIÉTÉ
DES ANTIQUAIRES DE FRANCE

HENRY DE FONTENAY

INGÉNIEUR
DES ARTS ET MANUFACTURES
MEMBRE
DE LA SOCIÉTÉ ÉDUENNE

PARIS

HONORÉ CHAMPION, LIBRAIRE

15, QUAI MALAQUAIS

1875

Extrait des Mémoires de la Société Éduenne
(nouvelle série), t. IV.

AUTUN, IMPRIMERIE DEJUSSIEU.

Plan des fouilles du Mont Beuvray en 1869. Quartier Sud-Est de la Come Chaudron

L'ART
DE L'ÉMAILLERIE

CHEZ LES ÉDUENS

AVANT L'ÈRE CHRÉTIENNE

Μεταξὺ μὲν οὖν τοῦ Δούβιος καὶ τοῦ Ἄραρος
οἰκεῖ τὸ τῶν Ἐδούων ἔθνος, πόλιν ἔχον Καβυλ-
λῖνον ἐπὶ τῷ Ἄραρι καὶ φρούριον Βίβρακτα.

(Strabon, IV, 3.)

Entre le Doubs et la Saône [et la Loire]
habite le peuple des Éduens ayant une ville,
Chalon sur la Saône, et une forteresse, Bibracte.

Le mont Beuvray, à vingt-cinq kilomètres d'Autun, occupe
la pointe méridionale de la chaîne du Morvan ; il en est détaché
entièrement par des cours d'eau et des vallées resserrées qui,
dans la stratégie primitive, donnaient à cette position une
grande importance. Également distant de la Loire et de la
Saône, et placé sur la lisière du bassin de la Seine, puisque
l'Yonne prend sa source à quatre kilomètres de là, ce môle
naturel de 820 mètres d'altitude avait été choisi par les Éduens
pour y établir leur principale forteresse, Bibracte, l'oppidum
maxima auctoritatis de César, dont le nom a persisté dans le
Biffractum des chartes et dans celui de *Beuvray*.

La forteresse gauloise, à l'arrivée des Romains, n'était plus
un de ces refuges temporaires où les populations voisines
abritaient les denrées, le bétail, les personnes ; c'était une sorte
de ville où les industries trop exposées dans les lieux ouverts

cherchaient un abri moins précaire et la sécurité indispensable au travail qui emploie un capital.

Une certaine organisation paraît avoir présidé à la distribution des métiers dans l'oppidum. Les deux quartiers fouillés le plus complétement, à l'entrée même de la place, servaient de demeure exclusive à des métallurgistes. Celui du *Champlain*, à droite de la porte principale, composé d'environ soixante-dix maisons, renfermait un grand nombre d'ateliers où l'on fabriquait le bronze, dont on a retrouvé partout les traces et les résidus au fond des creusets. Celui de gauche, ou de la *Come-Chaudron*, était occupé surtout par des forgerons et, dans sa partie supérieure, par des orfèvres. Le premier établissement de cette région était en effet une fonderie où, dans de petits fours bien construits, on extrayait le fer directement du minerai par la méthode catalane. Des forges isolées, creusées dans le sol et munies de buses en terre réfractaire, assez semblables aux nôtres, un grand atelier de forgerons de quarante-sept mètres de long, de vastes hangars bâtis avec des charpentes, de la terre battue, offraient partout les débris de la sidérurgie dans toutes ses variétés.

Les habitations, sur la pente de la vallée, enterrées de deux mètres à l'arrière, et de plain pied à la façade, étaient construites, la plupart du temps, en pisé et en poteaux fixés dans le sol. Les parties enfouies étaient seules en maçonnerie de pierre sans chaux, quelques-unes mêmes cloisonnées avec de simples planches. C'était dans ces réduits, espèces de tanières où le soleil ne pénétrait guère que par la porte, quand elle n'était pas abritée sous un auvent, que les fabricants de Bibracte exerçaient leurs industries, parmi lesquelles une des plus curieuses est celle de *l'émaillerie*.

La découverte des émaux du Beuvray, annoncée et décrite dans un mémoire imprimé par la Société des Antiquaires de France, t. XXXIII, 1872, fut accueillie comme un fait archéologique digne d'éveiller l'attention.

Le travail de l'émaillerie qui confine à l'art apparaissait pour la première fois au centre de la Gaule avec des dates certaines et des preuves d'une authenticité irrécusable, car on n'avait pas seulement mis à jour quelques échantillons isolés, mais tout un centre de fabrication dont les ateliers, comme dans certaines fouilles de Pompeï, n'auraient paru fermés que de la veille, si l'état d'altération d'un grand nombre d'objets n'eût témoigné d'un long séjour au sein de la terre.

Les ustensiles gisaient pêle-mêle, les fours étaient encore remplis de charbon; à côté de spécimens complétement terminés, on en voyait d'autres à peine ébauchés, d'autres en pleine fabrication, l'un même encore enveloppé de terre cuite; tout autour des fragments d'émail brut, des creusets de terre, des grès à polir, une quantité considérable de déchets, des bavures, des rognures provenant de la taille, des coques vitreuses qui conservaient l'empreinte des dessins du bronze, et par-dessus tout, le témoin même des opérations, véritable fossile de nos terrains historiques, nous voulons parler de la médaille qui en fixe l'âge et l'époque.

C'est à l'aide de ces documents, si heureusement rassemblés, que nous avons essayé de reconstituer *l'art de l'émail* chez les Gaulois, dans le pays compris entre la Saône et la Loire, et dont Bibracte était la forteresse.

I

APERÇU HISTORIQUE ET TECHNIQUE SUR L'ART
DE L'ÉMAILLERIE.

SOMMAIRE. — De l'émail. — Procédé des orfévres pour appliquer l'émail sur l'or, l'argent et le cuivre. — Procédé industriel applicable au fer et à la fonte. — Diverses opinions sur les origines de l'émaillerie. — Émaux égyptiens *vrais* et *imités*. — Altération des émaux. — Discussion d'un texte de Philostrate. — Émaux grecs et étrusques. — Émaux primitifs occidentaux. — Émaux du Beuvray. — Conclusions.

On appelle *émail* toute substance vitreuse, transparente ou opaque, incolore ou colorée, applicable sur les métaux par l'action du feu. [1]

Ainsi que les verres à base de plomb, les émaux sont formés, comme parties constituantes : de silice, de potasse ou de soude, d'oxyde de plomb (parfois de borax), en proportions bien déterminées, suivant la nature du métal auquel on les destine.

Par métonymie, on désigne aussi, sous le nom d'*émaux*, les objets ou plaques de métal décorés par les procédés de l'émaillerie.

Ces procédés sont de plusieurs sortes (cloisonnage, taille d'épargne. etc.) et forment différentes classes dans lesquelles on a coutume de ranger les émaux.

Les citer toutes serait sortir de notre cadre, et nous renvoyons sur ce sujet le lecteur aux ouvrages spéciaux, ainsi que pour tout ce qui concerne les *compositions* d'émail, la manière de les colorer et de leur donner de l'opacité.

1. Il importe au début de dissiper une équivoque, et de signaler une confusion de mots qui fait désigner sous le nom d'*émail* une foule de substances n'ayant entre elles aucun rapport, ou du moins n'ayant que des rapports très éloignés. Ainsi la couverte de certaines poteries, les baguettes filigranées, les *mille fiori* sont appelés des émaux. Rien de tout cela, cependant, comme l'a dit très justement M. de Laborde : « Rien de tout cela n'appartient à l'émail *fondu sur métal*, et les antiquaires, faute de s'être attachés à cette distinction, n'ont porté que confusion dans la question »

Procédé des orfévres pour appliquer l'émail sur l'or, l'argent, le cuivre.—L'émail est réduit en poudre dans un mortier avec un peu d'eau jusqu'à un degré de ténuité qu'il ne faut pas dépasser, et que l'habitude et l'expérience permettent seules d'apprécier; on conserve cette poudre sous une mince couche d'eau et on l'applique au pinceau ou à la spatule, soit sur le métal lui-même, soit dans les parties taillées ou évidées par le burin, soit dans les interstices du cloisonnage (s'il s'agit d'émaux cloisonnés); on pompe ensuite avec un linge l'excès d'humidité, on laisse un peu sécher et on expose l'objet au feu de la moufle qui doit être vif et parfaitement clair. Au bout de quelques minutes, l'émail s'affaisse en fondant et *glace* les surfaces en faisant désormais corps avec le métal. L'opération est répétée autant de fois qu'il est nécessaire pour le sujet que l'on traite.

On conçoit qu'avec l'aide du grand nombre d'émaux colorés que lui fournit la chimie, l'artiste peut varier ses nuances, opposer ses tons, superposer les couches d'émail, utiliser la transparence des unes, l'opacité des autres, et enfin se servir tantôt du métal et tantôt de l'émail pour obtenir les effets qu'il recherche; mais le mode de fixation de la matière vitreuse est toujours le même.

Procédé industriel pour émailler les métaux. — Depuis vingt-cinq ou trente ans, l'industrie s'est emparée des principes de l'art d'émailler et les applique à toutes sortes d'objets usuels en cuivre, en fer et en fonte. Elle a changé la composition des fondants, parfois aussi elle a modifié le procédé des orfévres : l'objet bien décapé est introduit dans la moufle, on l'en retire quand il est *au rouge*; et, avec un tamis, on le saupoudre d'émail sec finement pulvérisé. La température du métal fait fondre instantanément l'émail qui s'étale à la surface, et la recouvre d'une couche vitreuse parfaitement adhérente. Cette méthode exige moins de soins et de main-d'œuvre que la précédente.

mais on ne l'a employée jusqu'ici que pour les pièces qu'il fallait recouvrir uniformément d'un émail monochrôme. [1]

On verra au dernier chapitre de cette notice que les Éduens n'ont employé, au temps de César, ni l'un ni l'autre de ces deux procédés, mais un troisième qui depuis cette époque a été complétement abandonné.

Diverses opinions sur les origines de l'émaillerie. — Tandis que certains auteurs font remonter l'invention de l'émaillerie à l'époque la plus reculée, et en attribuent l'honneur aux anciens habitants de Thèbes ou aux peuplades asiatiques, d'autres, au contraire, ont prétendu n'avoir rencontré des preuves certaines de l'existence de cet art qu'à partir du deuxième ou troisième siècle de l'ère chrétienne. M. de Laborde dans sa savante notice des *Émaux du Louvre* a soutenu très brillamment cette dernière opinion ; il observa que des objets égyptiens, considérés comme des émaux en taille d'épargne, avaient été décorés par des procédés tout différents : au lieu de figer de l'émail dans les cavités métalliques, on les avait remplies de mastics diversement colorés, puis recouverts d'une plaque de verre taillée de la grandeur de ces cavités et enchâssée à froid. Pour des pièces cloisonnées, on avait pareillement remplacé l'émail par des morceaux de lapis ou autres pierres fines, serties dans les interstices du cloisonnage. L'auteur des *Émaux du Louvre* en a conclu que les Égyptiens n'avaient jamais connu l'émail, car sans cela ils n'auraient pas usé de ce moyen qu'il appelle un « expédient grossier ».

Il est certain qu'en Égypte les mastics colorés et les minéraux enchâssés dans la monture métallique ont souvent tenu lieu d'émail, mais la conclusion de M. de Laborde est trop absolue. On peut tout aussi bien dire que si les Égyptiens

---

1. C'est ainsi, entre autres, qu'on émaille les plaques de fer, les pommeaux de canne, les boutons de porte imitant l'ivoire..... etc.

ont *contrefait* l'émail dans les objets qu'il cite, c'est qu'ils en avaient connaissance, et qu'en un mot ne pouvant ou ne voulant faire du *vrai*, ils ont fait de l'*imitation*. [1]

Les faits sont venus confirmer cette manière de voir, car aujourd'hui les collections d'antiquités égyptiennes renferment, non pas un grand nombre de pièces, mais du moins quelques-unes bien et dûment émaillées, et dont l'authenticité ne saurait être mise en doute.

A côté de ces émaux *vrais*, on en voit d'autres qu'on peut considérer comme des émaux *imités*; toutefois le nombre de ces derniers n'est peut-être pas aussi grand qu'on l'a pensé jusqu'ici, car on ne saurait admettre que tout objet qui a perdu son apparence vitreuse et s'est délité n'a pas été émaillé, et qu'il a été garni uniquement de pâtes ou de mastics. [2]

Les émaux, comme toutes les matières vitreuses, sont assujettis à des causes de détérioration lente, en rapport avec leur composition chimique et les lieux où ils ont séjourné. Plus tendres que le verre ordinaire, ils sont aussi plus sensibles aux influences qui altèrent ce dernier.

Si pour augmenter la fusibilité de l'émail on a exagéré les doses d'alcali, ou si les objets ont été pendant longtemps

1. L'art d'imiter les pierres fines, les minéraux rares, et en général les objets de valeur, était porté chez les Égyptiens à un très haut degré de perfection, et cela dès l'antiquité la plus reculée. Le lapis artificiel, fabriqué à l'aide de cuivre, offre l'exemple d'un de ces essais d'imitation qui presque toujours étaient couronnés de succès. (Voir *Mémoires de la Société Éduenne*, nouv. série, t. III, année 1874, p. 463).

Les inscriptions hiéroglyphiques constatent le même fait, car toutes les fois qu'on y fait mention d'une pierre précieuse, son nom est accompagné d'une épithète qui indique si elle est *vraie* ou *imitée*. — Consulter à ce sujet les *Études sur l'antiquité historique, d'après les sources égyptiennes*, par F. Chabas.

2. « Si ces couleurs avaient pour base les éléments vitrescibles de l'émail, elles auraient conservé toute leur fraîcheur », dit M. de Laborde (*Notice des Émaux du Louvre*, p. 19). Ailleurs nous lisons : « Le temps qui respecte l'émail a presque entièrement détruit ces pâtes sans consistance. (*L. c.*, p. 24). Les faits ne confirment point cette assertion qui a occasionné plus d'une erreur.

exposés à l'humidité et aux injures de l'atmosphère, la destruction est aussi plus rapide.

Certains vitraux de nos vieilles cathédrales, principalement les rouges, sont souvent tellement rongés qu'ils offrent l'aspect du bois attaqué par les insectes.

Les verres chargés d'alcalis sont déliquescents, ceux sans plomb s'irisent et s'écaillent, ceux trop chargés en plomb se recouvrent d'une croûte blanche de carbonate.

Comment s'étonner que tant de pièces cloisonnées, tant de colliers et de bracelets profondément entaillés, nous soient parvenus entièrement vides d'émail, ou ne renfermant plus que des traces d'une sorte de matière d'apparence terreuse, dont on a négligé jusqu'ici de constater la nature? Dans plus d'un cas, ce qu'on prend pour un mastic n'est que le produit de la décomposition de la matière vitreuse qui constitue l'émail.

Ainsi, il est essentiel de recourir à l'analyse chimique, elle seule permettra de juger si on a affaire à un mastic ou à un émail détérioré, à du *vrai* ou à de l'*imitation* [1]. Le temps, quoiqu'on en ait dit, ne respecte pas plus l'un que l'autre, et l'état d'altération plus ou moins grande des objets est un caractère tout à fait insuffisant pour décider de leur nature.

Si de l'Égypte nous passons en Grèce et en Italie pour y étudier l'art de l'émaillerie dans l'antiquité, nous nous y trouvons tout d'abord en présence d'un texte fréquemment invoqué.

Philostrate, rhéteur grec, venu à Rome au commencement du troisième siècle de l'ère chrétienne, nous a laissé à la suite d'une série de leçons faites à quelques jeunes gens de Naples, la description des images ou peintures qui décoraient un portique de cette ville.

---

1. Il suffit d'une parcelle de la grosseur d'une tête d'épingle pour faire cette constatation, et rechercher la présence de la silice, du plomb, de l'étain, s'il y a lieu, et celle des oxydes colorants. C'est assez dire que dans un essai de ce genre on n'a pas à craindre d'endommager l'un quelconque de ces précieux spécimens de l'industrie antique.

Dans l'explication du tableau des *Chasseurs de sanglier*, on trouve cette phrase :

Ταῦτά, φασί, τά χρώματα τοὺς ἐν Ὠκεανῷ Βαρβάρους ἐγχεῖν τῷ χαλκῷ δια-πύρῳ, τά δὲ συνίστασθαι καὶ λιθοῦσθαι, καὶ σώζειν ἅ ἐγράφη. [1]

« Ces couleurs, les barbares de l'Océan les répandent, dit-on, sur l'airain ardent ; elles y adhèrent, se pétrifient et conservent les dessins. »

Le texte, ainsi dégagé, peut s'appliquer, il est vrai, à la fabrication des émaux.

Mais quelles sont ces couleurs (Ταῦτά χρώματα) et quels objets ornaient-elles ?

Les traducteurs sont en désaccord sur la manière d'interpréter la phrase antérieure :

Φέρουσι δ'αὐτοῖς ἵπποι... ἀργυροχάλινοι, καὶ στικτοι, καὶ χρυσοι τά φάλαρα.

Les uns, comme Olearius [2], et après lui Westerman [3], l'entendent ainsi :

« *Vehunt eos equi..... etc., argenteis ornati sunt frenis, Phrygiique operis, aureæ autem sunt habenæ.* »

Olearius ajoute en note : στικτοι, *acu picti.*

Il admet qu'il est ici question de ces ornements brodés que fabriquaient les Phrygiens, au rapport de Pline (*Hist. nat.,* lib. VIII, cp. LXXIV).

Quant à la phrase qui suit, le savant commentateur estime que le procédé décrit n'est autre que le placage d'or et d'argent dû, suivant Pline, au génie inventif des populations celtiques, et mis en œuvre principalement pour le harnachement des chevaux (*equorum maxime ornamentis*).

D'après lui, *ces couleurs* seraient celles des métaux précieux qu'on applique en effet dans cette opération sur l'airain incandescent, qui y adhèrent et le préservent de l'altération.

Ce ne seraient donc point des émaux.

---

1. Philostrati, *Icon,* lib. I, cp. XXVIII.
2. *Philostrati, Icon quæ supersunt ex. ms. cod. rec.. ..* etc. — Gottfridus Olearius; Lipsiæ, 1709, t. II, p. 804.
3. Westerman, trad. lat. de Philostrate, coll. Didot.

Un auteur français, Blaise de Vigenères, chimiste habile et écrivain de mérite, n'a point été de cet avis.

Il a traduit de la manière suivante :

« *Car les Barbares habitans l'Océan les sçavent coucher (à ce que l'on dit) sur le cuivre venant rouge du feu où puis après elles se glacent et convertissent en un esmail dur comme pierre, gardans la figure au net qui y aura esté enduite.* » [1]

Il ajoute en note que le grec est « fort succinct », mais pense malgré cela que Philostrate entend parler de mors et de bossettes *d'or et d'argent émaillés.*

En ce cas, il y a lieu de s'étonner que dans la phrase (Ταῦτα, φάσι, τὰ χρώματα.....) où le mode de fabrication est décrit, il ne soit plus question d'or ni d'argent, mais bien d'airain (Τῷ χαλκῷ).

Pour tout concilier, on peut voir dans ce passage à la fois les deux procédés : la dorure et l'argenture sur airain, en même temps que l'application d'un émail dans les parties non recouvertes par le métal précieux.

Le texte de Philostrate, bien qu'un peu obscur si on le considère dans son ensemble, a néanmoins servi de base, faute d'autres documents, à toutes les appréciations publiées depuis trois siècles sur les origines de l'art de l'émaillerie, on a cru y trouver la première notion de l'émail qui aurait été inventé par les Barbares de l'Océan, et serait resté inconnu aux Grecs et aux Romains jusqu'au troisième siècle de l'ère chrétienne.

Cette thèse n'est plus soutenable, car « les collections de l'Europe possèdent maintenant des pièces incontestables qui démontrent que les Égyptiens, les Grecs et les Étrusques ont eu la connaissance des secrets les plus difficiles de l'art de

---

[1]. *Les Images ou tableaux de platte peinture,* de Philostrate Lemnien, sophiste grec, mis en français par Blaise de Vigenères ; Paris, 1597. — Voir au tableau de la *Chasse des bêtes noires.*

l'émaillerie, ainsi que la pratique de toutes les formes et de toutes les applications dont le procédé est susceptible. » [1]

On voit au musée du Louvre, dans la salle des bijoux anciens, un assez grand nombre de pendants d'oreilles étrusques, formés d'un cygne, d'une colombe, ou de tout autre petit animal exécuté en or et entièrement émaillé de blanc. Un pendant d'oreilles, entre autres, est formé d'un paon en émail bleu dont la queue et les ailes d'or sont ornées d'émaux cloisonnés d'un travail très délicat. (*Salle des bijoux anciens*, nᵒˢ 104 à 107.)

Ces bijoux ont été trouvés dans des tombeaux de l'ancienne Tarquinie et remontent au temps des Romains de la première république. Ce ne sont pas les seuls, et nous citerons encore un magnifique diadème d'or conçu dans le goût grec le plus pur et orné de palmettes en émail blanc, bleu et vert qu'on peut voir dans la même salle.

Ainsi, dès la plus haute antiquité, les Égyptiens, les Grecs et les Étrusques ont connu et pratiqué l'émaillerie. En ont-ils perdu le secret par la suite ? Tous les auteurs semblent l'admettre et reconnaissent qu'après avoir été négligé ou même complétement abandonné en Orient, dans les deux ou trois siècles qui ont précédé et suivi l'ère chrétienne, l'art de l'émail a repris naissance chez les peuples de l'Occident.

Mais s'il s'agit de fixer la date et surtout le lieu de fabrication de ces *émaux primitifs occidentaux* dont on a retrouvé un certain nombre de spécimens, l'accord ne subsiste plus.

Pour donner idée de la question telle qu'on la comprenait, il y a peu de temps encore, nous citerons l'opinion d'un des auteurs les plus récents et des mieux accrédités en pareille matière :

« Nous avons dit que les productions de l'émaillerie ont cessé, suivant toute apparence, d'être en usage en Grèce vers le commencement du troisième siècle avant Jésus-Christ, et en Égypte sous les Lagides.

1. M. Lenormand. *Gazette des Beaux-Arts*, 1867, t. XIV, p. 159.

» Ce qui est certain, c'est que les émaux étaient inconnus
du monde romain à l'époque où Pline publia son histoire natu-
relle (l'an 80 de l'ère chrétienne), mais bientôt cet art allait
se révéler en Occident. Nous avons signalé le vase, les fibules
et les divers ornements de cuivre émaillé trouvés dans le sol
de l'ancienne Gaule et en Angleterre, et que les musées ont
recueilli. Ces fibules et ces ornements n'ont pas un caractère
assez tranché pour qu'on puisse leur assigner une date précise.
Le joli vase découvert dans le comté d'Essex pourrait, d'après
les circonstances que nous avons relatées, être reporté au
règne de l'empereur Adrien [117-138], puisqu'une médaille de
ce prince a été retirée d'un tombeau appartenant au même
temps que celui où était renfermé le vase émaillé.

» N'est-il pas à supposer d'après cela que l'émaillerie sur
métaux était pratiquée en Occident tout au moins au commencement du deuxième siècle de l'ère chrétienne? »

D'après un second texte de Philostrate (*Vie des sophis-
tes*, I, XXV), les Celtes fabriquaient des ornements particuliers
très luxueux pour le harnachement des chevaux. Nous lisons
en effet dans la vie de Polémon, sophiste de Laodicée qui tenait
école à Smyrne, et jouissait, sous Trajan et Adrien, d'une
grande réputation, que : « Beaucoup de gens le blâmaient de
ce qu'en voyage, il avait à sa suite une grande quantité de
bagages, beaucoup de chevaux, un nombre considérable d'es-
claves, diverses espèces de chiens dressés pour la chasse, et
de ce qu'il se faisait traîner lui-même sur un char attelé de
deux chevaux aux freins d'argent et garnis d'ornements *celtiques* et phrygiens. » (Αὐτὸς δ'ἐπὶ ζεύγους ἀργυροχαλίνου φορείον τινὸς
ἢ Κελτικοῦ πορεύοιτο.)

On a présumé que ces ornements celtiques n'étaient autres
que des émaux; car, si d'une part presque tous les spécimens
de l'émaillerie primitive en Occident trouvés jusqu'ici sont
des mors, des bossettes, des fleurons, en un mot des objets
de harnachement, de l'autre, il est difficile d'admettre qu'on
ait pu reprocher à Polémon, comme un excès de luxe,

d'avoir des harnais celtiques en simple plaqué d'argent ou même d'or.

« A l'époque où écrivait Philostrate (continue M. Labarte, qui cite ce passage), à Rome surtout, on devait suivre les divisions géographiques de Pline, or Pline ne donnait le nom de Celtes qu'aux habitants de la partie de la Gaule située entre la Seine et la Garonne.

» On a donc pu croire que c'était cette contrée qui était en possession de fabriquer les ornements de métal émaillé dont on décorait surtout les harnais de chevaux.

» Cette conclusion n'a pas été adoptée par les archéologues anglais. La grande quantité d'objets de ce genre, trouvés en Angleterre et même en Écosse, leur a fait penser qu'il avait pris naissance, ou, tout au moins, qu'il avait été largement exécuté dans les Iles Britanniques.

. . . .

» Pour en revenir aux émaux primitifs, il faut convenir qu'il est impossible, dans l'état des connaissances acquises à leur égard, de déterminer d'une manière certaine le lieu de leur fabrication qu'on peut placer chez tous les peuples d'origine celtique qui avoisinaient l'Océan dans les Gaules ou en Angleterre. Mais ce qu'on peut affirmer, d'après le style qui leur est propre, c'est qu'ils ont été fabriqués à l'époque de la domination romaine dans ces contrées, et la plupart, si ce n'est tous, sous l'influence du style romain. » [1]

Les émaux du Beuvray, trouvés deux ans après la publication de l'ouvrage de M. Labarte, complètent sur certains points et modifient notablement sur d'autres les données exposées plus haut :

1° Nous connaissons maintenant d'une façon certaine le centre ou du moins l'un des centres importants de cette fabri-

____

[1] Jules Labarte, *Les Arts au moyen âge et à l'époque de la Renaissance* t. III, p. 500 et suiv.

cation d'émaux en usage chez les Celtes, au cœur même de la Gaule, et non pas seulement sur les rives de l'Océan, comme l'avait donné à penser une interprétation trop exclusive du texte des *Tableaux*.

2° Ces émaux primitifs sont *antérieurs à l'ère chrétienne;* la date à leur assigner s'établit en effet de la manière la plus précise à l'aide des médailles qui les accompagnent [1]. Soixante médailles gauloises, contemporaines de César, ont été recueillies avec eux dans les ateliers d'émailleurs; vingt-sept de même date dans la hutte n° 19 *bis* seulement [2]. Elles étaient en bloc parmi les charbons d'une poutre qu'elles avaient suivie dans sa chute. Dix-huit d'entre elles à fleur de coin, n'ayant pas circulé, sont de fabrication éduenne; l'unique pièce d'argent était de Dumnorix; les ateliers d'émaillerie existaient donc à la venue de César. Les dernières monnaies en date qu'on ait trouvées dans la vallée de la *Come-Chaudron* sont quelques bronzes coloniaux, tous antérieurs à l'ère chrétienne, et encore le nombre en est-il excessivement restreint.

Enfin, les habitations dans lesquelles étaient enfouis les objets sont exclusivement gauloises, et le quartier où elles étaient situées (dans lequel on a récolté cinq cents médailles gauloises et pas une seule monnaie de l'empire), a été brûlé avant l'ère chrétienne.

3° Les objets découverts n'accusent nullement les formes *ni l'influence du style romain;* il suffit en effet de jeter un regard sur les planches que nous publions pour reconnaître dans les tailles de nos bronzes émaillés, dans les lignes parallèles ou brisées, dans les chevrons, les feuilles de fougères et les quadrillés qui en composent l'unique dessin, une ornementation purement gauloise et étrangère aux Romains. Cette ornementation est la même qui se retrouve sur un grand nombre de poteries de l'oppidum, et on la voit figurer comme

---

1. Ces médailles ont été déposées au musée de Saint-Germain.
2. Voir le plan des fouilles.

bordure au bas du vêtement de la plus ancienne représentation d'un guerrier gaulois que nous aient conservé les monuments égyptiens. [1]

En résumé :

L'ÉMAILLERIE ÉTAIT PRATIQUÉE DANS LA GAULE ANTÉRIEUREMENT A L'ÈRE CHRÉTIENNE, ET LES ROMAINS LORS DE LA CONQUÊTE TROUVÈRENT CETTE INDUSTRIE FLORISSANTE DANS LE PAYS DES ÉDUENS.

Telle est la conclusion qui intéresse l'histoire générale de l'art chez les peuples de l'Occident, et que la découverte des émaux du Beuvray vient de mettre en lumière.

II

DÉCOUVERTE ET DESCRIPTION DES ÉMAUX DU MONT BEUVRAY.

SOMMAIRE. — Fouilles de 1867, 1868 et 1869 dans le quartier de la Come-Chaudron. — Maison d'émailleur. – Case du doreur. — Sépultures d'orfévres. — Grands ateliers d'émaillerie. — Émail brut et déchets. — Bronzes préparés pour être émaillés. – Bronzes émaillés. — Ustensiles de fabrication. — Objets émaillés trouvés sur divers points de la Gaule, et semblables à ceux du Beuvray.

Les premières traces de l'émaillerie éduenne ont été rencontrées dans les fouilles pratiquées en 1867 à l'oppidum du mont Beuvray ; mais les spécimens se présentaient dans un état d'altération si avancée qu'on ne jugea pas à propos de les signaler.

L'année suivante de nouveaux échantillons semblables aux premiers furent trouvés dans le quartier du *Champlain* [2],

1. Quicherat, *Histoire du costume en France*; Paris, Hachette, 1875, p. 4.
Des dessins semblables à ceux des émaux du Beuvray sont gravés à la pointe sur des poteries de la même époque, provenant du camp de Chassey.
2. Cette région de l'oppidum ne figure point sur le plan qui accompagne la brochure, lequel ne représente qu'une partie du quartier dit de la *Come Chaudron*.

situé à l'ouest de la voie principale de l'*oppidum* : plusieurs
ateliers, et notamment l'atelier n° 14, occupés à l'époque
gauloise par des fabricants de bronze, renfermaient au milieu
des nombreux débris de leur industrie de petits *clous-orne-*
ments, dont la tête demi-sphérique était incisée de tailles
régulières paraissant contenir les restes d'une substance rouge
adhérente au métal. Au n° 14 et au n° 17 de ce même quartier,
des grès, percés de trous demi-sphériques correspondant aux
divers calibres de ces têtes de clous, avaient attiré l'attention,
mais leur usage n'était point expliqué.

Enfin en 1869 dans le déblai d'un ravin profond, au sud
des fonderies gauloises de la *Come-Chaudron*, on recueillit
une coque vitreuse, demi-sphérique, opaque, de couleur rouge,
unie extérieurement et reproduisant dans sa partie concave
le moulage de la tête des clous de bronze et des incisions
observées précédemment à leur surface. Quelque temps après,
l'atelier, l'outillage, le four, les produits d'un orfèvre émailleur étaient mis à jour, et la maison n° 18 de cette même
région, placée au bord de la voie à deux cents mètres sud de
la porte de l'oppidum, livrait tous les secrets à la fois.

Description du quartier des émailleurs. — L'investigation
préalable du laboratoire gaulois en révélant les conditions dans
lesquelles s'exerçait l'art de l'émaillerie chez nos ancêtres
aidera à mieux comprendre son caractère local et quelque peu
primitif.

Le plan joint à cette brochure indique les divisions des
ateliers, et, si le lecteur veut bien le consulter, il pourra
suivre facilement la marche des explorations faites, en 1869,
dans ce quartier spécialement affecté au travail des émaux.

A l'est, sur les bords d'un ravin, émergent çà et là des mai-
sonnettes occupées par des forgerons ; au nord, la grande
voie de l'oppidum bordée d'un trottoir de deux mètres de
large, et que longe une série de baraques en planches toutes
accolées les unes aux autres. A l'extrémité ouest de cette

rangée se trouve la maison n° 18 A dont on vient de parler. Elle était creusée de deux mètres en terre ; sa carcasse et ses divisions étaient formées par des poteaux à peine équarris, enfouis de 0^m 60 dans le terrain consistant, un amalgame de terre glaise et de menus graviers en remplissait les vides. Un escalier de bois conduisait à l'étage, c'est-à-dire au niveau de la voie sur laquelle ouvrait une porte fermée en dedans par une chaîne de fer plus ou moins tendue et accrochée au châssis pour permettre d'entrebailler avant d'ouvrir. Le crochet et les maillons restés en place avec les débris d'ais carbonisés indiquaient suffisamment ce mode antique de fermeture encore usité aujourd'hui dans la haute Italie et dans le nord de l'Angleterre.

Rattachée à diverses cases attenantes, la demeure de l'émailleur ne formait avec elles qu'un seul et vaste établissement dont il fut difficile toutefois de préciser les limites à raison de la fragilité des cloisons de pisé effondrées les unes sur les autres, mais l'intérêt des premières découvertes engagea à pratiquer un déblai complet, permettant de relever tous les détails et de recueillir tous les objets ensevelis sous les ruines.

Le compartiment qui contenait le principal fourneau était un carré irrégulier de 5^m 50 environ de côté, dont les poteaux étaient carbonisés en place et les pisés cuits comme des briques sous l'action du feu qui avait anéanti l'habitation.

A l'extrémité orientale de l'échoppe souterraine étaient creusées dans le sol deux cavités enduites l'une et l'autre de terre réfractaire, dont la plus petite, ayant 0^m 60 de diamètre, renfermait des paillettes de fer, des scories et un ciseau engagé dans un manche de bois.

La seconde, plus digne de fixer l'attention, affectait une forme ronde d'un mètre de diamètre sur 0^m 50 de profondeur. Elle était, au moment de sa découverte, surchargée d'une masse compacte et demi-cuite de terre glaise ayant appartenu au dôme écroulé du fourneau ; une plaque quadrangulaire en fer mince, de 0ᵐ 15 de côté, lui servait de porte, et possédait deux rangs de rivets pour fixer les traverses sur les gonds.

L'espace dont nous parlons était rempli de débris métallurgiques de toutes sortes, scories de fer, charbon, rognures de bronze, étain, fragments de quartz, creusets, buses, os même. C'est au milieu de ces résidus sans valeur, qu'on recueillit les pièces émaillées dont nous donnerons plus loin la description.

A l'ouest de la pièce qui renfermait les fourneaux, plusieurs autres cases adjacentes étaient creusées plus profondément encore dans le terrain, et séparées par une grosse pièce de bois carbonisé assise en forme de seuil sur deux pierres posées aux extrémités.

On trouva dans la première [1], construite uniquement en pisé, des scories, une meule de moulin à bras, divers outils propres à la métallurgie et des débris d'émail. La seconde [2] était bâtie en pierre, avec quatre murs de deux mètres de haut, pleins sur toute face, de façon que l'artisan ne pouvait y descendre qu'au moyen d'une échelle.

Au milieu de cette petite case de 3ᵐ 15 seulement de côté, et sous un monceau de ruines, un fourneau revêtu de pierres calcinées et de terre réfractaire était, comme les précédents, creusé dans l'aire et renfermait les résidus des mêmes métaux ainsi que différents objets ouvrés parmi lesquels une belle fibule plaquée d'une feuille d'or, ce qui fit donner à ce compartiment le nom de *case du doreur*.

Bâtie précipitamment et en mauvaise maçonnerie de pierrailles, de fonds d'amphore et de tuileaux, la case du doreur était une reconstruction opérée sur une maison en bois antérieure de peu d'années, et qui ne fut pas relevée sur son plan primitif, car elle dépassait la nouvelle construction de 2ᵐ 50 environ dans la partie sud-ouest. On ramassa dans ce dernier

---

1. Nᵒ 18 B du plan.
2. Nᵒ 19 du plan.

espace douze médailles gauloises avec des émaux, des clous de bronze à tête striée, des annelets et des disques troués en terre cuite, un vase et quelques objets d'orfévrerie.

Au bas de la case du doreur deux autres pièces [1] s'étageaient en gradins sur le versant : la première bâtie en pierre et enfouie de 2ᵐ 50 sous le gazon, était coupée de l'est à l'ouest par une fosse rectangulaire de 2ᵐ 80 de long sur 0ᵐ 90 de large et entourée de murs bas en forme de siége sur ses quatre faces, ce qui permettait aux ouvriers de travailler assis comme dans certaines forges arabes.

Ces habitations sont situées à peu près au centre du quartier de la *Come-Chaudron* [2], occupé alors par des orfèvres chez lesquels l'émaillerie était d'une pratique habituelle. Au nᵒ 19 bis nous rencontrons de nombreux débris de cette industrie avec vingt-sept médailles gauloises contemporaines de César ; à la maison nᵒ 22 située à l'ouest de la précédente, des monnaies de Marseille et de la Gaule accompagnant des poteries peintes, un creuset de granit, un polissoir, une hache de pierre, et une agate blanche gravée, d'un style naïf, représentant une fée ou Vénus sortant de l'eau. Les mêmes monnaies que précédemment se retrouvent encore dans les maisons nᵒˢ 24 et 25, et, pour ne point allonger outre mesure cette nomenclature, nous signalerons en dernier lieu la découverte, dans la maison nᵒ 35, d'une amphore pleine de rognures de fer et celle de plusieurs petits gobelets en terre cuite d'une grande finesse, et du style grec le plus pur.

Une particularité qui jette en même temps un certain jour sur les mœurs de ces populations, y caractérise la division du travail. On a constaté depuis longtemps dans les fouilles du mont Beuvray qu'entre les différents groupes d'ateliers, il existe de distance en distance des sépultures communes consistant en une fosse carrée de deux à trois mètres de

---

côté, remplie d'amphores cinéraires. Les ouvriers de même état étaient, paraît-il, ensevelis dans le même tombeau. Cette observation est générale pour tous les corps de métiers, et, dans le cas présent, se trouve encore justifiée par l'existence d'un puits funéraire au-dessous de la maison n° 22, d'une part, et d'une sépulture d'émailleurs au dessus [1]. Cette dernière renfermait des cendres et des amphores dans l'une desquelles était un gros fleuron émaillé. [2]

Il nous reste à parler de deux bâtiments plus grands que tous les autres et situés au-dessous de ceux-ci ; les coques striées et les bavures y ont été trouvées en si grande abondance que nous ne saurions nous dispenser d'en donner la description ; ils paraissent, vu l'identité de leurs débris, n'avoir formé qu'un seul et même établissement divisé en deux ateliers.

Le corps principal avait 18ᵐ 80 de long sur 10ᵐ 55 de large ; l'autre 11ᵐ 50 de long sur 7ᵐ de large.

On trouva dans ce dernier [3], indépendamment des résidus communs à l'un et à l'autre, huit médailles gauloises. Quant au premier [4], il contenait une quantité considérable de scories et des débris de tuyères en terre, dernier reste des souffleries qui activaient le feu des fourneaux.

La pièce était divisée dans le sens de sa longueur par un ressaut de 0ᵐ 80 de hauteur, formant une sorte d'établi en terre qui permettait aux ouvriers de travailler debout, et dans lequel étaient fixés deux poteaux pour soutenir la toiture.

Sur ce gradin rudimentaire, un large fourneau pareil à celui de l'émailleur du n° 18 était garni de deux tuyères brisées. On y trouva une petite pelle à manche de fer, dite *tisonnier*, des résidus métallurgiques de toute nature, fer, bronze, plomb, et des verroteries diversement colorées. Mais ce qui frappa

1. N° 23 du plan.
2. V. *Revue des Sociétés savantes*, Vᵉ série, t. VIII. *Fouilles du mont Beuvray* (1870), compte rendu par M. Bulliot, p. 352 et suiv.
3. N° 20 A.
4. N° 20 B.

l'attention tout d'abord, ce fut un certain nombre de clous-ornements de bronze à têtes striées ou non, dont l'un était émaillé, et une quantité considérable de déchets d'émail.

Un exhaussement au centre du fourneau déterminait à la circonférence une sorte de rigole pour recevoir les charbons et les creusets. Deux fibules de bronze restées dans les cendres étaient l'une unie, l'autre gravée pour être émaillée.

En examinant avec attention le sol environnant, on s'aperçut qu'il était comme saupoudré de parcelles rouges qui n'étaient autres que des bavures, des fragments de coque d'émail mal adhérentes et détachées du bronze par suite d'un vice de fabrication. Elles avaient été foulées aux pieds des ouvriers et incrustées ainsi dans l'aire même de l'atelier. Parmi ces coques, il s'en trouva une de dimension double des autres, polie dans sa partie convexe, striée dans sa partie concave, ce qui prouve que dans les grandes comme dans les petites pièces, le travail s'exécutait de la même façon.

Le nombre considérable des déchets, ainsi que l'étendue des ateliers de fabrication, montrent que l'industrie de l'émail avait une véritable importance à Bibracte.

Ses produits ne suffisaient point seulement à alimenter la consommation locale, mais trouvaient leur écoulement aux foires qui furent la conséquence des assemblées politiques et religieuses dont l'oppidum était le centre, et qui réunissaient à certaines époques, comme à un rendez-vous, toute l'aristocratie gauloise.

La foire du premier mercredi de mai en particulier, dont on peut suivre les traces historiques dès l'origine de Bibracte jusqu'à nos jours, attirait sur la montagne un concours extraordinaire de tous les points de la Gaule [1]. Elle avait lieu sur un vaste emplacement, le *champ de foire*, dont la destination n'a point varié depuis l'époque gauloise. On y recueille aujourd'hui

---

1. *Totius Galliæ concilium Bibracte indicitur.* (Cæsar, *De Bello Gallico*, lib. VII, cap. LXIII.)

des monnaies d'une grande partie des cités, Senons, Trévires, Séquanais, Pictaves, Arvernes, et celles des colonies méridionales, Marseille, Nîmes, Vienne..., etc., avec les débris des diverses fabrications de l'oppidum.

Les foules du voisinage, attirées non-seulement par la facilité de la vente et de l'achat des denrées, s'y rendaient encore pour la grande fête religieuse qu'on y célébrait à la même époque. [1]

Le luxe des Gaulois consistant alors presque uniquement à avoir de belles armes et de riches harnais, les forgerons-orfévres consacraient leur industrie à tous les objets propres à l'équipement du guerrier et de son cheval, cette branche de leur métier étant appréciée par-dessus tout, et la seule dont on fît cas. En même temps qu'ils s'ingéniaient à fabriquer des épées sans défaut et de solides boucliers, ils appliquaient leur art décoratif à l'ornementation de ces mêmes armes, des chars et des harnais. C'est ainsi que le placage d'or et d'argent (dont Pline attribue l'invention aux Gaulois) fut d'abord mis en œuvre pour les ornements de sellerie ; et cela nous explique en même temps comment, ayant le choix entre tant de pièces à décorer par l'émail, les orfévres éduens ont choisi à peu près exclusivement, ainsi qu'on le verra, des pommeaux, des bossettes, des fleurons et des têtes de clous-ornements pour les brides, les colliers, les traits, en un mot tout ce qui touche à l'attelage et au harnachement.

Les mêmes nécessités et le même niveau de civilisation semblent reproduire indéfiniment les mêmes résultats, abstraction faite des temps et des lieux.

---

1. Les fêtes de mai, connues des Romains sous le nom de *Floralia*, existaient aussi chez les Gaulois. Les Éduens allaient tous à ce moment porter leurs vœux, *referre vota*, à la fête nationale, la DEA BIBRACTE, et jeter dans le bassin de sa source sacrée leurs offrandes de monnaies, d'œufs, de laitage, de laine, d'herbes enchantées..... etc. La réunion durait trois jours, comme celle du mont Helanus, dans le Gévaudan, dont Grégoire de Tours a fait le récit. Cet usage du reste était si tenace et si répandu qu'au sixième siècle, saint Éloi défendait encore de chômer au mois de mai.

On vient de voir les ateliers gaulois d'il y a deux mille ans à huit cents mètres d'altitude, enfouis à moitié sous terre pour préserver du froid leurs habitants, les baraques de planches, les cases longues de trois mètres grossièrement construites en bois et en pisé, les toits touchant au sol et abritant une fourmilière d'industries diverses, placées côte à côte ou dispersées dans des bouges sans lumière. Transportons-nous un instant chez les Tatars, près de Tiflis, à la suite d'un voyageur moderne, et nous retrouverons un tableau que Strabon ou Diodore auraient pu rencontrer encore dans quelque coin arriéré de la Gaule ; mais qui, cinquante ans avant eux, dans la plupart des oppidums, eût été d'une réalité saisissante :

« Deux poutres à peine équarries, dit l'auteur auquel nous empruntons ce récit, soutenaient le toit fait d'un entrelacement de branches et de paille mêlées à de la boue. Un trou circulaire percé au milieu servait à la fois de passage à la lumière et à la fumée. Deux grosses pierres supportant les bûches tenaient lieu de cheminée : un banc de bois, quelques pots de grès, un peu de paille figurant un lit, composaient l'ameublement. Ces demeures souterraines ont leur raison d'être dans ces steppes glacées où rien n'arrête l'action du vent ; de simples huttes ne sauraient résister aux tempêtes qui se déchaînent périodiquement pendant l'hiver. Les entrailles de la terre peuvent seules fournir à ces tribus nomades un refuge assuré contre les frimats. . . . .

» A la suite du bazar couvert s'en trouve un autre en plein vent pour les industries qui ont besoin d'air et de lumière. Groupées autour d'une immense place carrée, elles ont chacune leur département, leur coin particulier. Chaudronniers, serruriers, armuriers, teinturiers, orfèvres, tout un monde de travailleurs s'agite et se démène dans cet étroit espace. Accroupi devant une boutique dont les dimensions ne dépassent guère celles d'une armoire, chacun exerce son art au grand jour sans se soucier d'en dérober les secrets au public.

Les orfévres fixent principalement ma curiosité. Une sorte de brasier alimenté par un soufflet de peau de bouc ayant la forme d'un sac de voyage, un creuset d'argile grossière, un poinçon affilé comme une aiguille, composent tout leur attirail.

» Procédé primitif, s'il en fut! c'est de là pourtant que vont sortir les colliers, les bracelets d'or et d'argent, les ceintures incrustées de turquoises, toute cette bijouterie massive qui fait la joie des harems de l'Orient » [1]

Si quelques-uns des orfévres de Bibracte étaient mieux abrités que ceux dont on vient de parler, la série des baraques en planches qui longent la grande rue de l'*oppidum* offre une analogie bien marquée avec le bazar d'Élizabethpol, et il nous est permis de croire qu'à vingt siècles de distance, la physionomie industrielle des deux marchés était à peu près la même.

Nous examinerons successivement les objets trouvés dans les ateliers décrits plus haut : l'émail et les déchets de fabrication, les bronzes émaillés ou préparés pour l'être, enfin les outils même de l'ouvrier.

Émail proprement dit. — L'émail se présente au Beuvray sous trois formes : à l'état brut, en petits cuboïdes, à l'état de pellicules ou calottes vitreuses, et enfin à l'état de rognures ou de bavures. Ces deux dernières formes sont celles des déchets de fabrication. Les calottes vitreuses ont conservé dans leur partie concave l'empreinte de la gravure des têtes de bronze, dont elles se sont détachées, soit avant, soit pendant l'opération de la taille, par suite d'un travail défectueux lors de la cuisson.

Les rognures ou bavures sont des excédants de matière vitreuse agglomérés au bord des bronzes, quand la pâte était encore en fusion.

1. *Un voyage d'hiver au Caucase; Revue des deux Mondes :* 1er décembre 1874, p. 526 et 528.

Les débris ou déchets dont nous parlons ont été trouvés en parcelles innombrables, et sont tous de couleur rouge, imitant le sang coagulé ; cette uniformité n'autorise pourtant pas à supposer que les fabricants du mont Beuvray n'ont jamais employé d'autres couleurs, mais simplement que le rouge était l'objet de leur prédilection, et de l'usage le plus général. [1]

Bronzes gravés ou émaillés. — La plus grande partie de ces pièces proviennent les unes du fourneau même de l'orfévre émailleur (maison n° 18 de la *Come-Chaudron*), les autres des ateliers voisins.

Nous les avons séparés en trois classes : les bronzes bruts tels qu'ils sont venus de fonte ; les bronzes gravés pour être émaillés, et enfin les bronzes émaillés. L'un des bronzes de la seconde catégorie a été surpris en cours d'exécution, noyé encore en partie dans une enveloppe de terre glaise calcinée, dont nous indiquerons le but au chapitre iii ; la tête gravée de l'objet était recouverte d'une coque d'émail incomplétement adhérente. [2]

Les bronzes préparés sont représentés dans la planche I ; ils sont formés par une série de globules superposés dont le dernier seul devait être émaillé. La partie inférieure s'évasait en deux branches minces et courbes, terminées chacune par un rivet permettant de les fixer à une pièce dont toute trace avait disparu.

L'objet capital de la découverte est un pommeau du plus beau bronze, d'un dessin correct, et dont l'intérieur est creux. Sa base affecte la forme d'un dôme dont la pointe s'effile et se termine par une aigrette émaillée. L'extrémité des branches d'attache était percée d'un trou à rivets.

---

1. La planche VII représente l'émail sous ses trois formes :
Émail brut : nᵒˢ 1 à 4 ;
Coques d'émail : nᵒˢ 5 à 15.
Bavures ou rognures d'émail : nᵒˢ 16 à 22.
2. Pl. I, fig. 8.

Ces bronzes étaient fixés sur la muserolle ou *dessus de nez* des chevaux gaulois. Les tribus du sud de l'Afrique se servent encore aujourd'hui du même ornement dans le harnachement de leurs chameaux et le placent de la même façon.

La figure 2 de la planche III est une bossette ou *cocarde* qui était placée sur le *fronteau* du cheval à la naissance des oreilles; légèrement bombée, elle a trois centimètres et demi de diamètre, et se divise en huit compartiments ou secteurs, dont quatre sont quadrillés et émaillés, quatre parfaitement unis et polis; leur alternance forme deux croix à centre commun. Ce dessin, par une curieuse persistance du même motif de décoration, se retrouve encore aujourd'hui sur les bossettes en soie tressée des selliers de Paris.

Plusieurs autres rondelles émaillées dont la destination était évidemment la même, et dont le diamètre variait de 15 à 25 millimètres furent recueillies dans divers ateliers de la *Come-Chaudron*.

L'une incisée de tailles profondes se compose d'un petit cercle central cloisonnant l'émail, autour duquel rayonnent en éventail des lignes tantôt droites, tantôt brisées en chevrons. [1]

Une seconde, provenant du gisement d'amphores attribué à la sépulture des émailleurs, est divisée en quatre quartiers égaux par l'intersection à angle droit de deux lignes au centre. Les quatre secteurs se subdivisent eux-mêmes en une multitude de petits carrés formés par des tailles creuses remplies d'émail rouge. [2]

Les figures 6 et 7 de la planche III réprésentent des fleurons.

La figure 5 offre un des nombreux spécimens de clous-ornements trouvés dans les fouilles. La tête de ces clous varie de grosseur, celle des plus petits n'a guère que 4 à 5 millimètres

1. Pl. III, fig. 4.
2. Pl. III, fig. 1.

de diamètre ; la tige est quelquefois en fer, mais le plus souvent en bronze [1] ; elle a toujours de 2 à 3 centimètres de long. Cette dimension était imposée par la nécessité de rabattre la tige au dessous du cuir, après un forage préalable fait au moyen de l'alène.

Les clous-ornements, vu leur petitesse, n'offraient le plus souvent que de simples entailles droites partant du même centre et remplies d'émail rouge, plusieurs cependant étaient chevronnés comme les bossettes.

Outils de l'émailleur. — La maison n° 18 de la *Come-Chaudron* renfermait une partie des outils dont il nous reste à parler ; nous citerons d'abord pour mémoire les débris de creusets vitrifiés par le feu et un vase en terre noire largement ouvert, façonné à la main, resté dans les charbons même du fourneau. Pour remuer ces charbons, l'orfévre employait une petite pelle à manche de fer de 0^m 70 de long déjà citée, exactement semblable au *tisonnier* usité dans les forges d'aujourd'hui ; un trépied en fer recevait les creusets sur le brasier et l'artisan se servait selon les besoins, des pinces, du ciseau, de la lime, du marteau et du touret. Les ustensiles les plus curieux de l'outillage sont des pierres de grès excavées, dont les trous de différents calibres épousent exactement la forme des têtes de bronze décrites plus haut. Ces grès coupés tantôt en tablettes de cinq à six centimètres de côté, sur deux à trois d'épaisseur, et tantôt imitant une espèce de boule plus facile à tenir à la main, avaient pour destination de tailler les émaux, en enlevant l'excédant de matière vitreuse pour faire réapparaître les dessins.

On en a trouvé de toutes les dimensions, correspondant aux plus grandes bossettes, comme aux plus petites têtes des clous-ornements ; leur grain trop rugueux pour un polissage définitif, ne se prêtait qu'à la première partie de l'opération où il était nécessaire de dégrossir rapidement. Des roulettes trouées en

1. Les tiges de fer sont soudées à la tête de bronze par un alliage.

terre cuite très fine et garnies d'une échancrure propre à fixer la clavette qui les maintenait sur un axe tournant, avaient probablement pour but de continuer le travail du polissage.

La plupart des objets que nous venons de décrire ainsi que de nombreux échantillons d'émail brut, de coques et de rognures sont déposés au musée de Saint-Germain dans une vitrine spécialement affectée à l'émaillerie gauloise.

Depuis que la découverte d'un centre important de production d'émaux à l'*oppidum* du mont Beuvray a été signalée, des échantillons complétement analogues et provenant de diverses parties de la France sont venus s'ajouter à ceux-ci. Ils sont représentés dans la planche VIII, et nous les décrirons sommairement :

La pièce principale trouvée en Alsace et récemment acquise par le musée de Saint-Germain, est inscrite au catalogue sous le nº 22,267. Elle fournit de la manière la plus complète le type et le mode d'emploi des clous à tête émaillée, sa fixation non plus seulement sur le cuir des harnais, mais sur le métal lui-même.

Cette pièce est brisée à ses deux extrémités, et dès lors d'une attribution difficile [1]. Elle consiste en une épaisse bande de bronze plate au revers, arrondie au dessus, longue de 0ᵐ 45 et large de 0ᵐ 05, excepté sur les points en saillie. Un filet granulé comme ceux des fibules du Beuvray court sur toute la longueur divisée en cinq caissons par des bourrelets ou patins métalliques espacés régulièrement. Le plus grand imite le chaton

---

1. Nous sommes porté à croire qu'elle servait à décorer quelque partie de l'équipement. Quoi qu'il en soit de cette hypothèse, les patins venus de fonte et les trous à rivets qui les traversent nous indiquent clairement que cette baguette courbe était destinée à être fixée sur une autre pièce par une rivure. Elle était d'abord chauffée, on introduisait ensuite les clous-ornements (préalablement émaillés) dans les trous cylindriques où ils entraient librement ; la contraction produite par le refroidissement les maintenait à demeure. Le tout servait d'applique facile à ajuster par le rabattage des tiges. Quelques-uns des clous paraissent toutefois n'avoir eu qu'un but d'ornementation, car leur tige a été coupée au ras du revers de l'objet.

d'une bague, les autres, deux à deux, déterminent sur les flancs un annelet saillant coupé par le filet. Ces appendices étaient tous forés pour recevoir un ornement qui a disparu dans les quatre premiers, restés vides de part en part, mais conservé intact dans les trois autres. Leur cavité est traversée par des clous à tête émaillée absolument identiques à ceux du mont Beuvray, pour la forme, le dessin et la couleur rouge de l'émail.

Le plus grand, de douze millimètres de diamètre, est un fleuron dont les cavités sont encore remplies en partie d'émail; les deux autres demi-sphériques sont couverts de simples tailles droites et parallèles et n'ont que trois millimètres.

L'objet est représenté sous trois faces aux n°s 1, 2 et 3 de la planche VIII.

Les autres pièces gravées sur la même feuille sont :

N° 4. Une tige de bronze à pommeau émaillé, trouvée dans un tumulus gaulois, à Auvenay (Côte-d'Or).

[*Donnée par M. F. de Saulcy au musée de Saint-Germain, n° 22,261 du catalogue.*]

N° 5. Une tête de clou émaillée, trouvée à Boviolles (Meuse).

[*Fouilles de M. Cournault. — Musée de Saint-Germain, n° 22,009.*]

N° 6. Une tête de fleuron émaillé.

[*Collection de Mourcrint (Périgueux). — Musée de Saint-Germain, n° 22,009.*]

N°s 7 et 8. Deux têtes de fleurons émaillés, trouvées à Néris et Clermont-Ferrand.

[*Collection Esmonnot, à Moulins (Allier).*]

Mentionnons encore l'objet représenté pl. II, fig. 5, et trouvé à Colonne, près Paray-le-Monial, par M. le comte de Moreton de Chabrillant.

[*Collection J.-G. Bulliot, à Autun.*]

Ces objets, tous semblables à ceux du Beuvray et trouvés sur des points très différents de la Gaule, sont les seuls qui jusqu'ici soient parvenus à notre connaissance; mais beaucoup ont dû passer inaperçus; d'autres sont conservés dans des collections particulières sans que, faute d'éléments ou de renseignements, on ait pu en préciser exactement la nature et l'origine. Nous souhaitons que la présente notice ait pour résultat d'attirer l'attention sur ces curieux produits de l'art gaulois.

III

ÉTUDES EXPÉRIMENTALES SUR LES ÉMAUX DU MONT BEUVRAY

SOMMAIRE. — Emploi de la méthode expérimentale en archéologie. — Analyse et synthèse. — Vase de Constantine en verre hématin analogue à l'émail du Beuvray. — Composition de cet émail. — Sa fusibilité. — Sa fabrication à l'aide d'une *calcine* de plomb, de cuivre et d'étain. — Analyse du bronze. — Application de l'émail sur le bronze par le procédé habituel. — Taille des émaux. — Polissage des émaux. — Particularités que présentent les coques et les bavures. — Les Éduens appliquaient directement l'émail fondu sur le bronze incandescent. — Causes de mal réussite. — Conclusions.

L'étude des industries antiques, peu cultivée jusqu'ici par les archéologues, offre plus d'une difficulté, car les auteurs ne nous ont laissé sur ces sujets purement techniques que des détails la plupart du temps incomplets ou inexacts.

Les difficultés dont nous parlons ne sont cependant pas insurmontables; mais si l'on veut reconstituer en toute certitude l'art industriel des anciens, il importe d'utiliser des sources de renseignements autres que *les textes* et d'aborder la voie expérimentale, sans laquelle on ne pourra se rendre compte d'une façon précise de tel ou tel mode d'opération.

Chaque jour on retire des entrailles de la terre des débris, des scories, avec toutes sortes de spécimens ayant appartenu à l'industrie des âges qui nous ont précédés; soumis à l'analyse, tel laitier, par exemple, qu'on rejette habituellement comme inutile pourrait fournir les plus précieuses indications sur les procédés mis en œuvre par les forgerons d'autrefois. Si

à cette analyse on ajoute la synthèse qui, par un essai de production similaire, permet de comparer les nouveaux spécimens
avec les anciens trouvés dans les fouilles, ainsi que les déchets
de la seconde opération avec ceux des terrains qu'on explore,
on se trouvera en possession de tous les éléments nécessaires
pour traiter le sujet avec la rigueur qu'il comporte, et qu'on
est en droit d'exiger.

En poursuivant nos études sur les émaux du mont Beuvray,
nous avons mis largement à profit ce mode d'investigation par
l'analyse et la synthèse, et nous avons pu, grâce à lui, observer
toutes les particularités du travail dans chacune de ses phases.

La composition de l'émail, son degré de fusibilité comparé
à celui des émaux actuels, sa fabrication en tant que matière
vitreuse, son mode d'application sur le bronze, la raison d'être
des coques et des bavures trouvées en si grande quantité...
tels sont les points que nous avons successivement étudiés. [1]

Une curieuse coïncidence a prêté matière à d'utiles rappro-
chements :

Pendant que nous nous occupions de ce travail, nous eûmes
l'occasion d'examiner un *verre à boire* antique, dont l'analogie
avec l'émail du Beuvray était si frappante, qu'en comparant
les échantillons, il était difficile de distinguer autrement que
par la forme un débris de ce verre d'un fragment de quelques-
unes des coques provenant de nos ateliers d'émaillerie.

Nous fûmes ainsi amené à faire une étude parallèle de ces

1. Les essais analytiques et synthétiques dont il est question dans ce chapitre ont été faits au printemps de 1874, dans le laboratoire de la manufacture
nationale de Sèvres, avec le concours intelligent et dévoué de M. Philippe,
chef émailleur dans cet établissement.

M. Salvétat, chef du laboratoire, a bien voulu nous aider de ses bienveil-
lants et judicieux conseils. Que l'habile chimiste, dont les travaux sur les
émaux sont si appréciés dans le monde savant, nous permette de lui en expri-
mer ici toute notre gratitude.

Nous remercions également MM. Bertrand et de Mortillet de l'obligeance
qu'ils ont mise à nous fournir tout ce qui nous était nécessaire pour nos
expériences, les pièces relatives à l'émaillerie gauloise ayant été expédiées
au musée de Saint-Germain aussitôt après leur découverte.

deux matières, dont les lieux de provenance étaient pourtant
bien différents. Le gobelet dont nous parlons a été, en effet,
découvert dans un tombeau numide, à la suite de fouilles
exécutées au printemps dernier dans les environs de Constantine [1]. Sa forme et ses dimensions sont celles d'une tasse à
café sans anse, son épaisseur n'excède guère un millimètre.

C'est un de ces verres que Pline a clairement désignés sous
le nom d'*hématins* (qui rappelle leur couleur rouge-sang) :
« *Fit et tincturæ genere totum rubens vitrum atque non
translucens hæmatinon appellatum.* » (*Hist. nat.* lib. XXXVI,
cp. LXVI.) « On fabrique aussi, à l'aide d'une sorte de matière
colorante, un verre rouge teint dans la masse (*totum rubens
vitrum*) et non transparent, appelé verre hématin. » [2]

Il est impossible de définir d'une façon plus concise et plus
nette l'espèce de verre dont nous parlons : Il est teint dans la
masse, il est opaque, et si on polit sa surface légèrement
altérée par le temps, elle offre une magnifique teinte rouge
d'une nuance tout à fait identique à celle du sang coagulé.

Comme avec l'objet à peu près intact on avait découvert de
nombreux fragments de coupe ou de soucoupe, nous en avons
fait l'essai chimique, et, dans une analyse sommaire, nous avons
constaté que la composition de ces débris était semblable à
celles des émaux du Beuvray. [3]

---

1. On a recueilli en même temps un assez grand nombre de médailles
numides. L'objet paraît remonter au temps de Jugurtha; il a été acquis par
M. Ravaisson, conservateur au département des antiques. Avec ce vase, on
en a trouvé deux autres de même forme, l'un en cristal opaque blanc, l'autre
aussi en cristal opaque, mais de nuance vert-pâle.

2. Le verre hématin, dont le gobelet de Constantine est un beau spécimen,
peut être envisagé comme le produit, le plus curieux peut-être, de l'industrie verrière chez les anciens. Aujourd'hui, on ne saurait façonner une pièce
en cristal de cette sorte sans de longs tâtonnements et des essais multipliés.

3. Le casque d'Amfreville dont M. Viollet-le-Duc a donné la description
(*Revue archéologique*, 1862) renferme dans les interstices de son cloisonnage
une matière dans laquelle les uns n'ont vu qu'un simple mastic, d'autres des
émaux colorés en *blanc*, en *vert* et en *rouge*. En réalité, il n'y a eu là qu'une
seule espèce d'émail, du *rouge*; mais ce qui est particulièrement intéressant

La coloration rouge est due à une forte proportion de cuivre; le plomb s'y trouve aussi en quantité notable, et la teneur en silice et en oxyde d'étain s'est trouvée la même dans les deux essais. L'émail des Gaulois et le verre de Constantine sont donc tous deux de même nature, et l'étude de l'un peut nous servir à connaître l'autre, car ces deux substances chimiquement analogues peuvent se substituer entre elles dans la fabrication, et jouer le même rôle, ainsi que nous l'avons expérimenté. La matière vitreuse dont les Gaulois se servaient pour émailler n'est donc autre chose que le verre hématin qu'ailleurs on employait, déjà bien avant Pline, à façonner des objets ouvrés de diverses natures.

Composition de l'émail. — La composition quantitative de l'émail des orfèvres gaulois a été déterminée par les procédés habituels dans l'analyse des silicates. Nous avons obtenu les chiffres suivants :

Silice	42, 89
Oxyde d'étain	2, 25
Oxyde de plomb	28, 30
Oxydule de cuivre...	6, 41
Alumine	2, 75
Oxyde de fer	2, 45
Chaux	8, 28
Soude (pr. diff.)	6, 67
	100, 00

pour nous, c'est que l'émail en question a, lui aussi, *même composition que celui du Beuvray,* comme nous avons pu nous en assurer par l'analyse d'un très petit fragment qui s'était détaché de l'objet. Nous n'avons pas examiné au laboratoire la matière qu'on croit être de l'émail blanc, n'en ayant aucune parcelle, si petite qu'elle soit, à notre disposition; mais il nous a semblé que ce n'était qu'une incrustation produite par le limon du fleuve où ce casque a été trouvé. Quant au prétendu émail *vert,* ce n'est que de l'émail rouge décomposé, et dont la base colorante a été suroxydée et transformée en carbonate.

Le verre de Constantine et les fragments de coupe sont aussi, pour la plupart, recouverts d'une patine verte due au même phénomène d'altération.

Les coques vitreuses ont la même composition que les cuboïdes d'émail brut.

Essais de fusibilité. — 1° Un bouton émaillé, provenant des fouilles de Bibracte et parfaitement conservé, a été placé dans la moufle d'émailleur : au bout de quelques minutes, la matière remplissant les interstices des tailles du bronze était parfaitement fondue

2° On a placé côte à côte, sur une plaque de cuivre, de la poudre d'émail brut gaulois, et celle de différents émaux du commerce.

L'émail gaulois a glacé quelques secondes avant les autres émaux.

La différence est si légère qu'il y a à peine lieu de la noter. Si d'une part la teneur en soude et en plomb de l'émail gaulois est plus faible que celle des émaux actuellement en usage, la silice est aussi en moindre proportion et le grand nombre des autres bases augmente encore la fusibilité.

Analyse d'un bronze émaillé. — Le bronze sur lequel les Gaulois appliquaient leur émail est d'une belle couleur jaune, un peu plus pâle que celle du laiton.

Il est dur, très cassant et poreux. Il a été coulé et moulé.

Il contient de l'étain, du plomb et du cuivre.

Sa parfaite conservation est due à la grande quantité d'étain qu'il renferme.

Fabrication de l'émail brut. — En même temps que les objets précédemment cités, on a rencontré dans les ateliers des fragments d'une matière ayant l'apparence de scorie et dont la cassure piquetée de rouge présente des traces de cristallisation. Cette substance très fusible est composée en majeure partie de litharge cristallisée par voie ignée, elle se pulvérise facilement et donne une poudre colorée en jaune faible.

L'examen chimique nous a révélé que c'était une espèce de

chaux métallique renfermant des oxydes de plomb, de cuivre
et d'étain dans les rapports suivants :

Plomb	84
Cuivre	14
Étain	2
	100

La surface des échantillons a été altérée par le temps et s'est
transformée en une sorte de croûte blanche formée par du
carbonate de plomb.

Ces fragments sont évidemment un produit artificiel obtenu
en fondant et calcinant ensemble les trois métaux désignés,
lesquels, s'oxydant peu à peu, se transforment en un mélange
tel que celui que nous examinons.

Si on introduit dans une composition vitreuse un peu de
poudre de cette *calcine*, avec quelques parcelles de limaille
de fer, on donne naissance par la fusion à un verre rouge
opaque tout à fait semblable à l'émail brut.

Cet essai nous autorise à croire que les Éduens fabriquaient
eux-mêmes leur émail par ce procédé, en faisant d'abord une
calcine avec les trois métaux désignés, pulvérisant cette *calcine* et la fondant avec une composition de verre.

La fabrication de l'émail était souvent incomplète, si l'on en
juge par plusieurs fragments de verre mal transformé dont
l'intérieur est resté transparent dans une enveloppe opaque.

Application de l'émail sur le bronze. — On a pris des
fragments d'émail brut qui ont été pulvérisés au degré conve-
nable avec un peu d'eau, et on a appliqué à la spatule cette
poudre rougeâtre sur un fleuron gravé de bronze gaulois qui
avait conservé dans ses rainures des traces de l'ancien émail-
lage. Le tout a été introduit dans la moufle. Au bout de
quelques instants, le bronze était recouvert d'une calotte de
verre parfaitement adhérent, mais qui, au lieu d'être rouge et
opaque, était devenu transparent et verdâtre.

Le même fait s'était déjà produit dans les expériences d'essais de fusibilité dont il est parlé plus haut, et il n'y avait pas lieu de s'en étonner, l'émail brut étant coloré par de l'oxydule de cuivre que l'atmosphère très oxydante de la moufle fait passer rapidement à l'état d'oxyde, lequel, comme on sait, donne aux flux vitreux une teinte vert-bleuâtre.

Pour éviter cette transformation, il importe d'opérer dans un milieu non oxydant. Dans ce but, on peut introduire l'objet dans la flamme intérieure d'un dard de chalumeau, ou, comme dans la première expérience, employer la moufle, mais en fermant le registre d'appel de l'air et projetant sur les charbons quelques copeaux de bois qui rendent l'atmosphère réductrice. Après fusion, l'émail est parfaitement rouge.

Les surfaces étant ainsi recouvertes uniformément d'une couche de matière vitreuse adhérente, on fait réapparaître les dessins par l'opération de la taille, comme dans le travail de l'*émaillerie niellée*. [1]

Nous avons employé pour cette opération les pièces de grès à trous de différents calibres, trouvées dans l'atelier de l'orfèvre du Beuvray, lesquelles emboîtent parfaitement les têtes et les fleurons et entament l'émail avec une extrême facilité.

1. Pour émailler en *niellure* on opère aujourd'hui ainsi : on grave le dessin en creux sur la pièce de métal plane ou convexe, on la recouvre ensuite uniformément d'une poudre d'émail de la couleur que l'on a choisie et on expose au feu de la moufle, en même temps qu'on passe un fil de fer chaud sur la gravure, afin que l'émail devenu comme de la cire fondue puisse ainsi mieux s'unir et s'étendre sur toute la surface de la pièce. On laisse ensuite refroidir, et l'objet placé sur un établi est attaqué d'abord avec de vieilles limes et de la poudre de grès humectée d'eau. L'excédant de matière vitreuse est ainsi enlevé en partie et la pièce dégrossie. On continue l'opération avec la pierre artificielle d'émeri ; peu à peu les dessins réapparaissent, car les surfaces non attaquées sont remises à nu, et l'émail comble les sillons partout où le burin a laissé sa trace. On achève l'opération par un polissage qui s'effectue à l'aide du tripoli sur une roue en bois de poirier. Pour les retouches et le *glacé*, on repasse à un second feu.

La découverte des émaux du Beuvray nous prouve que les populations celtiques connaissaient le principe de cette méthode que les modernes n'ont fait que perfectionner

C'est ainsi qu'on a pu reproduire, en ne se servant que des objets provenant de ces fouilles, un spécimen analogue aux modèles déposés au musée de Saint-Germain.

Toutefois, les Gaulois ne s'en tenaient pas là, et soucieux de perfectionner leur œuvre, après avoir enlevé l'excès d'émail et mis le bronze à nu dans les parties épargnées par le burin, ils frottaient de rechef avec des matériaux moins durs et à pâte plus fine pour faire disparaître les rugosités du verre, les rayures du bronze, et augmenter l'éclat des pièces par un dernier travail de polissage.

On a parlé plus haut d'une petite roulette en terre cuite, trouvée dans les fouilles, de deux centimètres de hauteur, percée par le centre et munie d'une encoche pour la clavette.

Cette roulette, évidemment faite pour être fixée sur un axe tournant, était destinée, suivant toute probabilité, à cette dernière opération, avec le concours du tripoli ou de toute autre matière analogue propre à polir les métaux.

Nous venons d'indiquer la série de nos essais, lesquels furent faits dans la présomption d'un mode de fabrication analogue à celui qui paraissait avoir été suivi de tout temps. Mais est-ce bien ainsi qu'opéraient les Gaulois? On pouvait tout d'abord le croire, et c'est ici que l'examen attentif des déchets de fabrication et autres débris est venu nous fournir les éléments qui permettent d'éclairer la question sous un nouveau jour.

Dans les expériences précitées, on obtenait, il est vrai, *après le polissage*, des objets exactement semblables à ceux trouvés dans les fouilles, mais la surface de l'émail *avant la taille* (par suite de la réduction partielle de l'oxyde de plomb que renferme la composition), était constamment recouverte d'une couche irisée et bulleuse, qu'on n'a lieu d'observer dans aucun des nombreux débris de coques déjà signalés.

De plus, ces coques ne sont point uniformes d'épaisseur, et vont toutes en s'amincissant du centre à la circonférence. Les bavures sont aussi caractéristiques par leur forme qui les rend semblables à des fragments d'anneau brisé; comme certaines d’entre elles sont attachées à des fragments de coque ayant conservé l’empreinte des dessins gravés sur le bronze, il est facile de se rendre compte de la façon dont elles étaient disposées sur les têtes et les fleurons.

Or, on ne peut s’expliquer ces particularités, cette disposition, en admettant que les Gaulois ont employé l’un quelconque des deux modes d’application indiqués au chapitre I, le procédé des orfèvres ou le procédé industriel ; les bavures et les coques sont semblables à celles que l’on obtiendrait en faisant couler un filet de verre en fusion sur les bords d’une surface bombée. La méthode des Éduens était donc toute différente de celles décrites précédemment.

Elle consistait à verser directement l’émail fondu sur le bronze incandescent.

Un échantillon, représenté pl. I, n° 6, surpris en cours de fabrication, nous fournit encore une donnée nouvelle. On entourait les objets, dans les parties qui ne devaient pas être émaillées, d’un manchon de terre glaise qui avait pour but principal de s’opposer à l’écoulement de l’excès de matière [1],

---

1. Dans sa critique de « L’émaillerie gauloise à l’oppidum du mont Beuvray », M. de Lasteyrie, qui déclare qu’*on s’est trompé complétement*, s’exprime ainsi au sujet de l’échantillon dont nous parlons :

« Très probablement il ne s’agit là que de *ces mottes de terre glaise, encore employées aujourd’hui par les ciseleurs pour fixer plus commodément les pièces qu’ils ont à travailler.* »(*Bulletin de la Société des Antiquaires de France; séance du 8 janvier 1873, p. 44.*)

Chacun sait que les ouvriers emploient pour fixer leurs pièces des blocs ou des mottes non de terre glaise (ce qui ferait une étrange besogne), mais d’un certain *mastic résineux* dit *des ciseleurs*. Ce mastic se ramollit quand on le chauffe, à la manière de la cire, et on peut ainsi y enchâsser les pièces avant le travail, on les en dégage une fois l’opération terminée ; mais il est très dur à la température ordinaire, et offre par là même aux coups de marteau frappés sur l’outil la résistance nécessaire.

M. de Lasteyrie parait ignorer tout cela. L’idée même qu’on puisse employer une matière molle et plastique comme la terre glaise *pour fixer plus commodément les pièces à travailler*, ne l’étonne en aucune façon, et, confondant la terre avec le mastic, la glaise avec la résine, il annonce que c’est ainsi qu’opèrent encore aujourd’hui les ciseleurs. Ne serait-ce point à nous de lui dire « qu’il a eu le malheur de s’aventurer imprudemment sur un puis on plaçait le tout au milieu d'un feu de charbon, près du creuset où était la substance vitreuse. Quand le bronze était suffisamment chaud, on laissait tomber sur les têtes un petit filet d'émail. L'objet était ensuite retiré du feu, paré à la palette, taillé sur le grès et enfin poli.

On conçoit que l'opération, bien que peu compliquée, n'en exigeait pas moins une certaine habileté, et les nombreux débris qui jonchent les ateliers sont là pour nous prouver qu'elle était loin de réussir toujours.

Tout d'abord, il fallait prévenir la suroxydation de l'émail ; deux écueils, en outre, étaient à éviter : de trop chauffer le bronze et de ne point le chauffer assez. Dans le premier cas, les surfaces métalliques s'altéraient rapidement; dans le second, on n'obtenait aucune adhérence, la coque vitreuse se détachait du bronze, en conservant comme une empreinte à la cire la trace de tous les dessins ; en un mot, l'opération était manquée et tout était à recommencer. [1]

terrain qu'il ne connaît pas? (*Bulletin de la Société nationale des Antiquaires de France;* 3e et 4e trimestres 1873, p. 135.)

Autre raison invoquée par M. de Lasteyrie : « Comment admettre qu'ici tout soit englobé indistinctement sous cette calotte semi-sphérique dont on nous parle? A quoi bon la gravure des traits s'ils doivent uniformément disparaître sous la couche d'émail ?......... Des clous émaillés superficiellement! on n'en a jamais trouvé dans aucun des pays, même où l'émaillerie a été la plus florissante....., etc. »

Plus loin, nous lisons encore : « Comment se fait-il qu'on ne rencontre ici exclusivement que de l'émail rouge...? Comment s'expliquer enfin qu'une seule ville de la Gaule centrale possédât, a un moment donné, de si nombreux ateliers d'émaillerie, lorsqu'il n'a pas été trouvé jusqu'ici un seul échantillon de cette industrie dans toute cette portion de la France? » (*Loc. cit.,* séance du 8 janvier 1873, p. 45.)

C'est avec des arguments de cette force que M. de Lasteyrie en arrive à la conclusion suivante : « Je n'essaierai point, ce qui serait d'ailleurs inutile, d'enlever a M. Bulliot les illusions de sa prétendue découverte. » (*Loc. cit.,* p. 138.)

Les savants de bonne foi ayant depuis longtemps jugé de quel côté étaient les illusions, nous n'insisterons pas davantage sur une question à laquelle M. de Lasteyrie est venu se heurter si mal a propos.

1. Voir notre planche VII.

A ces causes de mal réussite, il faut en joindre une autre tenant à la manière même dont les dessins étaient gravés : les tailles actuelles d'émaillerie se font en façon de queue d'aronde, de plus les parois sont sillonnées de stries pour augmenter l'adhérence ; les traits, chevrons et autres dessins du bronze des Gaulois, ont au contraire une coupe rectangulaire, présentant évidemment beaucoup moins de garanties pour la solidité du travail.

Tout ceci nous explique la quantité considérable de coques vitreuses trouvées sur le sol des ateliers.

Nous avons essayé d'émailler par le procédé qui vient d'être indiqué ; la chose est assez difficile et nécessite quelques artifices. L'objet doit être placé en plein feu et entouré de charbons qui le préservent en partie de l'oxydation, et la matière vitreuse versée à l'instant précis où le bronze commence à rougir. L'emploi du sel à souder facilite l'opération.

Nous terminerons ici ces détails sur une méthode qui ne présente plus qu'un intérêt rétrospectif, et revenant à une question qui nous a déjà occupé au commencement de cette notice, nous y ajouterons quelques traits :

Les plus anciens émaux hindous, persans et chinois, sont tous cloisonnés ; les émaux primitifs de l'Occident rentrent au contraire dans la catégorie de ceux dits *champlevés* ou en *taille d'épargne*. Les échantillons du Beuvray n'ont point démenti cette remarque qui d'ailleurs n'a rien d'absolu ; ce sont, à proprement parler, des émaux de *niellure*, procédé dérivé de la taille d'épargne [1] ; mais ce qui les rend surtout dignes d'intérêt, c'est la manière dont on les fabriquait. Il est

---

1. Un autre procédé est celui de l'émail monochrôme appliqué à la taille d'épargne d'abord et ensuite à la gravure en creux dont il remplit les tailles faisant office de niellure, sans toutefois rien changer à sa composition, sans être même astreint à la couleur noire. J'ai conservé le terme dont on se servait : des *émaux de niellure*; il rend très bien l'idée qu'on doit avoir du procédé et la distinction à faire avec les nielles proprement dites. » (De Laborde, *Notice des émaux du Louvre*, 1857, t. I, p. 12.)

difficile en effet, impossible même, d'opérer d'une façon plus simple et plus rudimentaire que ne l'ont fait les Éduens : l'émail est toujours le même et monochrôme, la gravure est formée de simples lignes droites ou brisées en chevron, enfin le mode élémentaire d'application sur le bronze n'exige presque aucun outillage.

Les Gaulois ont-ils inventé de leur côté un art pratiqué ailleurs, longtemps avant la fondation de Bibracte? ou bien, leurs ancêtres en ayant eu connaissance à une époque très reculée, l'ont-ils conservé traditionnellement tel qu'ils l'avaient vu pratiquer dans sa période primitive? C'est ce que nous ne saurions décider. Quoi qu'il en soit, ces procédés à demi-barbares mis en œuvre dans toutes espèces d'ateliers, même dans des forges, nous semblent l'indice d'une de ces industries routinières affectionnées par certains peuples et qui se prolongent indéfiniment par la force de l'habitude, sans que jamais les modèles ni les opérations pour les exécuter subissent le moindre changement. C'est ainsi qu'aujourd'hui encore en Asie Mineure, on voit fabriquer par des ouvriers en camp volant les mêmes verroteries que celles qui sont exhumées des ruines des plus anciennes cités de l'Égypte. Telles sont aussi en Afrique, et en général dans les pays d'une civilisation peu avancée, les familles d'ouvriers nomades qui, passant d'une tribu à l'autre, répètent les mêmes types depuis des siècles et par des moyens qu'ils n'ont jamais songé à perfectionner.

Si, mettant à part toute chronologie, nous ne considérons l'émaillerie au mont Beuvray qu'au point de vue du développement général de ce genre de travail, nous pouvons dire que *l'art y est surpris, comme à son origine, et dans son expression la plus simplifiée, tant au point de vue des procédés qu'à celui des effets et des résultats cherchés et obtenus.* Au contact de la nouvelle civilisation, il subit une transformation facile à constater, d'après les spécimens improprement appelés *émaux primitifs,* « fabriqués à l'époque de la domination romaine et, la plupart, si ce n'est tous, sous l'influence du style romain [1] »; mais ici, rien de semblable, et la distinction est des plus nettes : le caractère ornemental des objets décrits, les médailles, et jusqu'au procédé de fabrication, nous prouvent clairement que nous sommes en présence d'une industrie essentiellement gauloise et exercée en toute liberté par les Éduens sur les sommets du mont Beuvray.

1. *Les Arts au moyen âge et à l'époque de la Renaissance*, par M. Labarte.

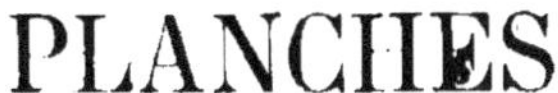

PLANCHES

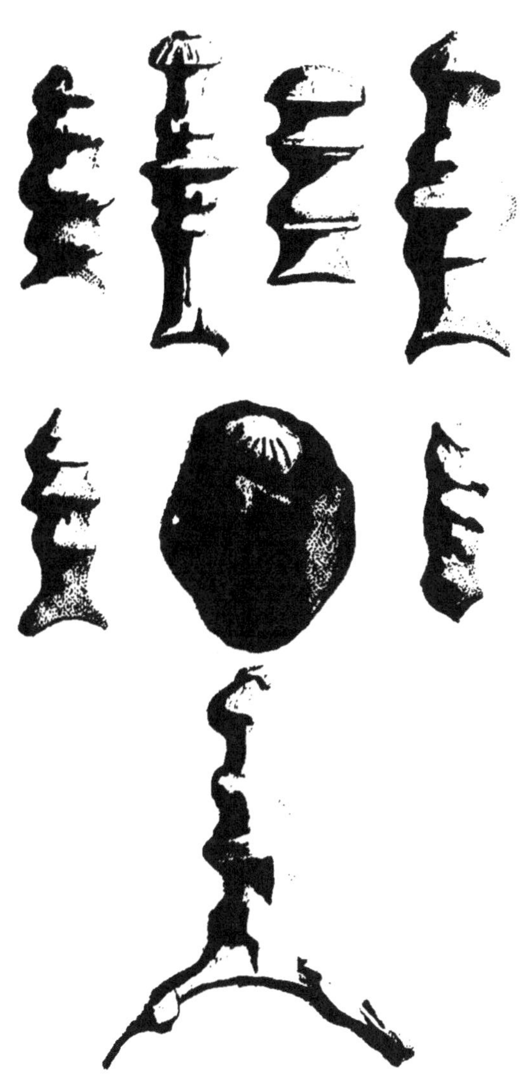

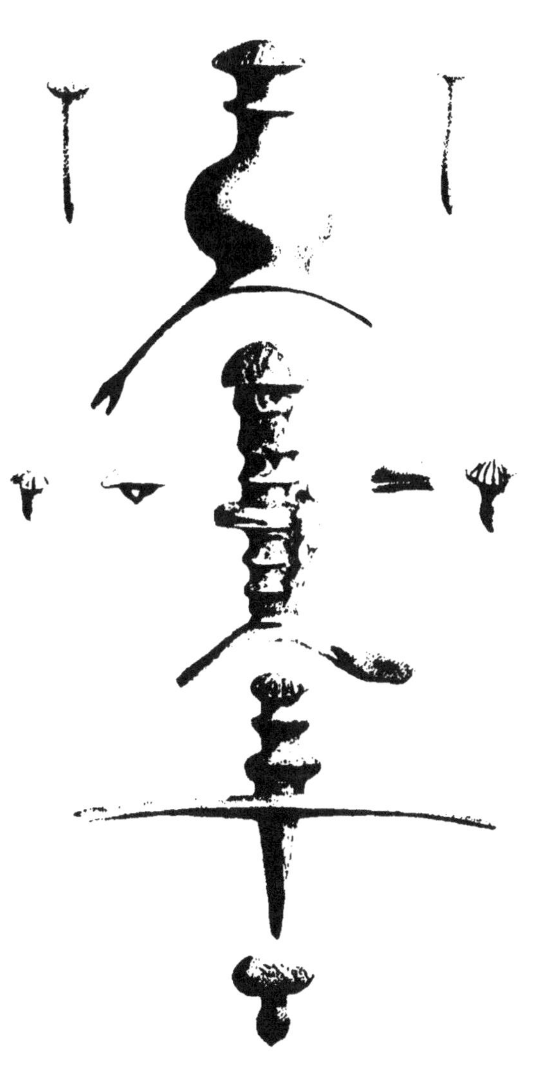

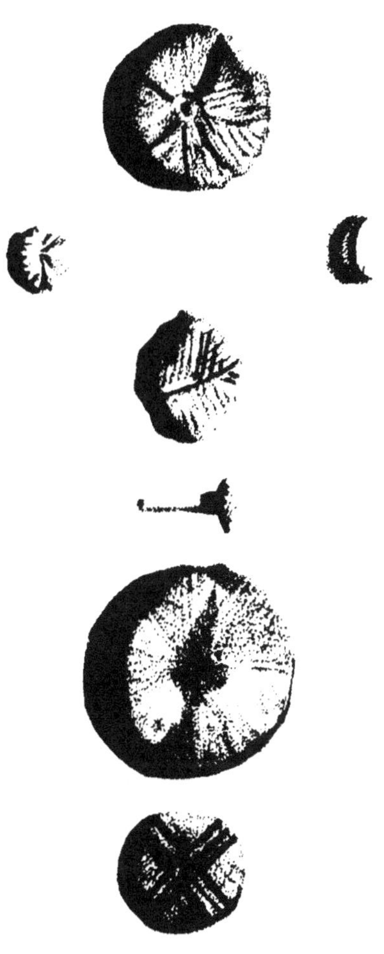

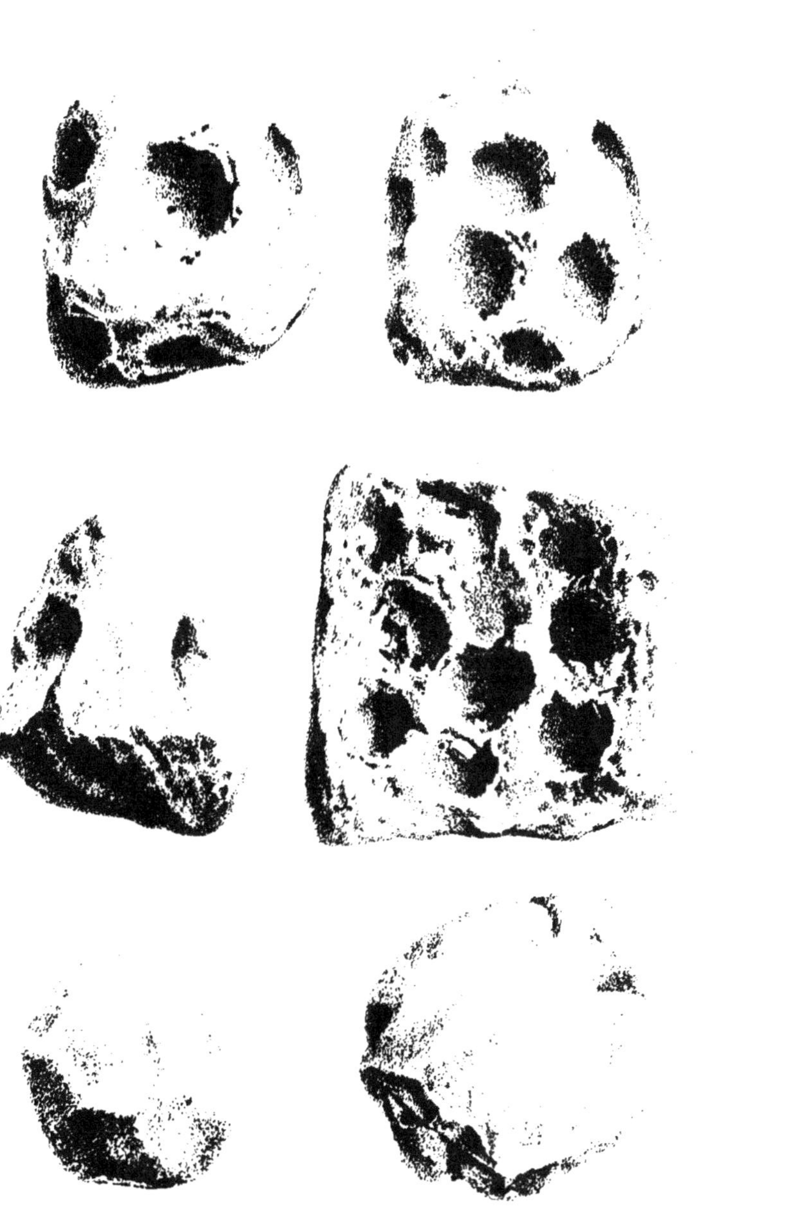

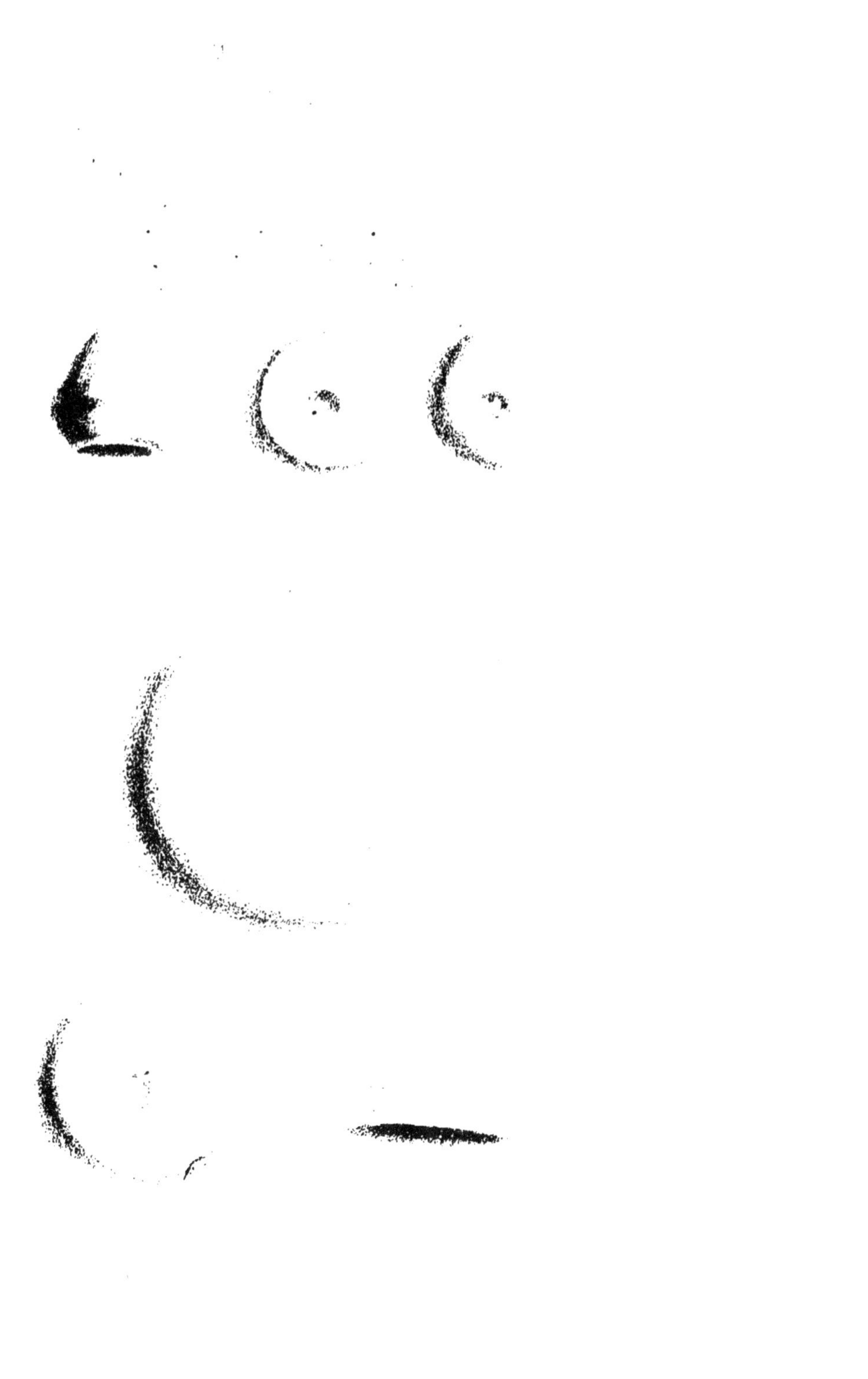

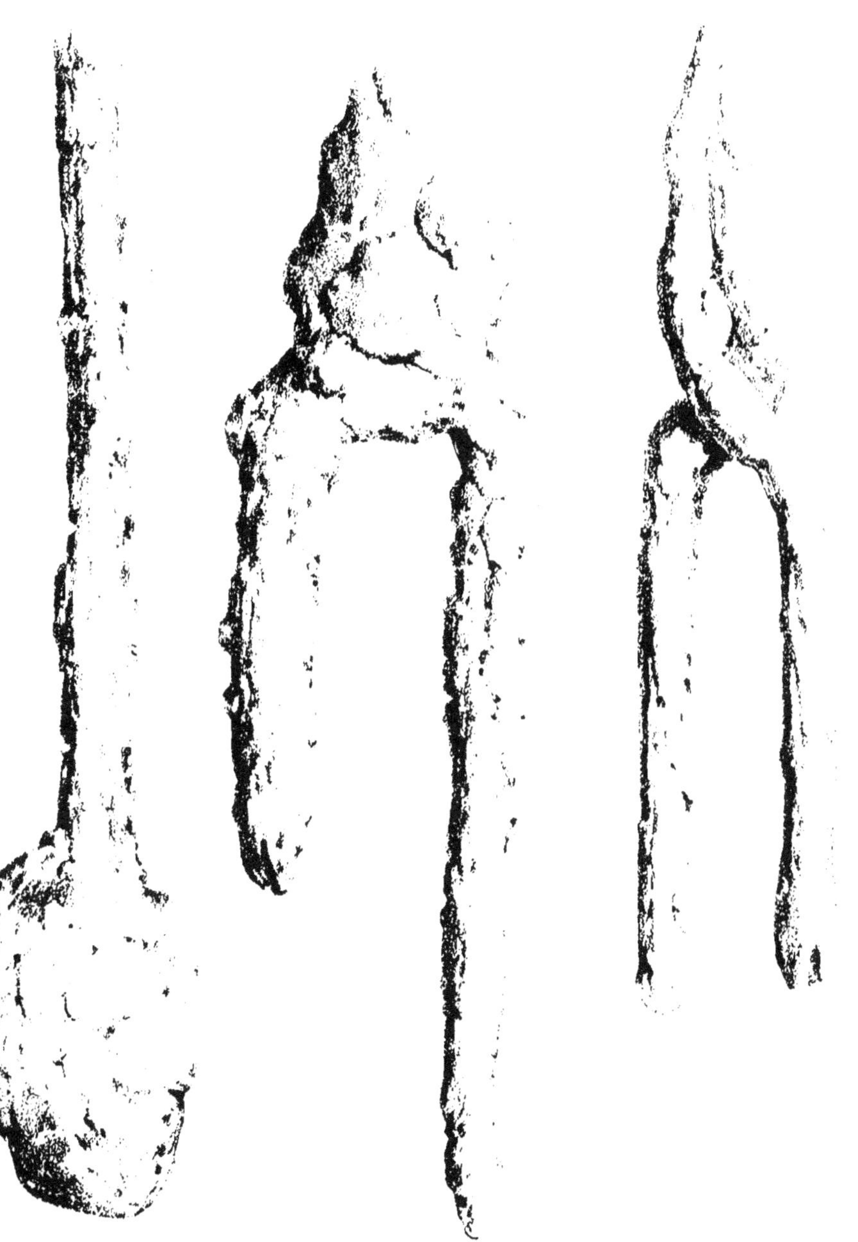

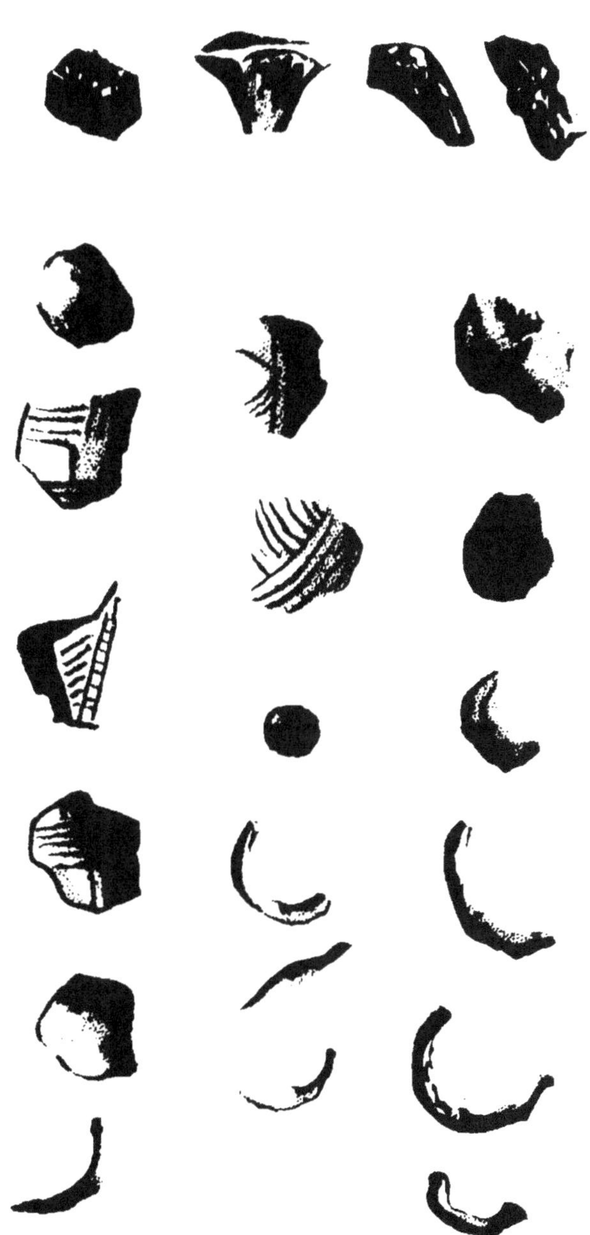

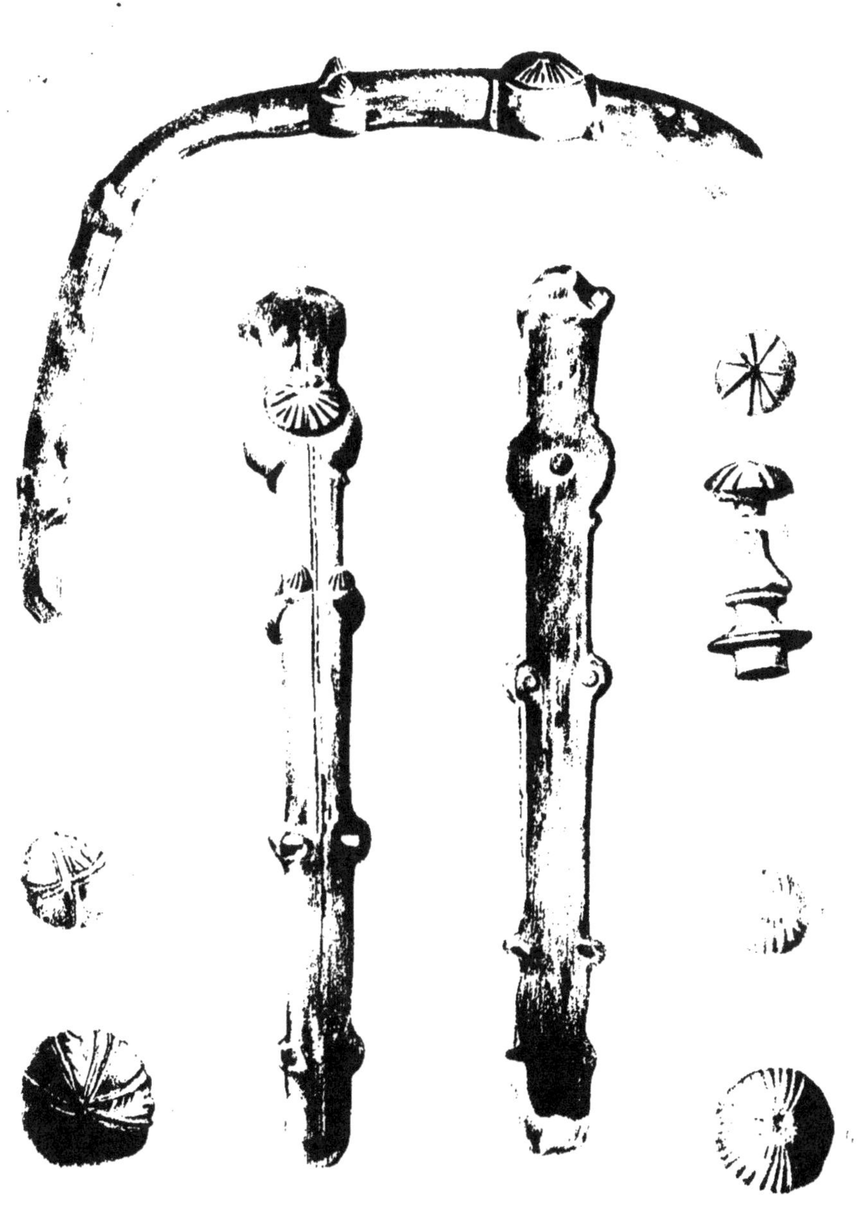